文綉瀚錦

U0919002

XIANG HUAWEI XUE

YINGXIAO CELUE

向华为学营销策略

YINGXIAO CELUE

魏　星◎编著

从优秀到卓越的营销逻辑

营销是通过教育迫使目标观众或听众赏识你的产品和服务。通过营销，公司可以给目标受众体提供他们所需要的产品效益。成功的营销，能盘活一个企业，给一个企业带来蓬勃的生机和腾飞的希望。

CFP 中国电影出版社

图书在版编目（CIP）数据

向华为学营销策略 / 魏星编著 . — 北京：中国电影出版社，2017.10
ISBN 978-7-106-04800-6

Ⅰ. ①向… Ⅱ. ①魏… Ⅲ. ①通信管理—组织管理学—经验—深圳 Ⅳ. ① F632.765.3

中国版本图书馆 CIP 数据核字 (2017) 第 246564 号

责任编辑：纵华跃
封面设计：孙希前
版式设计：张元元
责任校对：孙向敏
责任印制：庞敬峰

向华为学营销策略
魏　星　编著

出版发行　中国电影出版社（北京北三环东路 22 号）邮编 100013
电话：64296664（总编室）　64216278（发行部）
64296742（读者服务部）
E-mail：cfpygb@126.com
经　　销　新华书店
印　　刷　三河市航远印刷有限公司
版　　次　2018 年 3 月第 1 版　2018 年 3 月第 1 次印刷
规　　格　开本 / 710 × 1000 毫米　1/16
印张 / 15　字数 / 170 千字

书　　号　ISBN 978-7-106-04800-6/F・0037
定　　价　38.00 元

前言

企业是市场经济的重要主体,企业为社会提供丰富的产品和服务,促进了科技和社会的进步，改善了人们的生活水平，现在社会已经离不开企业。企业作为产品的生产者，在追求自身利益的同时，使社会变得更加美好。

在企业的生存和发展过程中，销售是一个极为重要的环节，如果生产的产品不能实现有效的销售，那么企业就不能正常存在，消费者也不能买到想要的产品。销售在经济活动中扮演角色的重要性是显而易见的，没有销售就没有利润，没有利润企业就要倒闭破产，销售是关乎企业生死存亡的关键环节。

然而，随着全球化经济的迅速发展，买方市场的逐渐形成，市场竞争变得日趋激烈,企业要想在市场中站稳脚跟,保住自己的市场份额,扩大产品的销路，就变得更加困难。在这种情况下，营销的重要性就更加凸显，谁能够抓住更多的消费者，销售更多的产品，谁就能够占领市场的最高点，成为市场的王者。

营销是21世纪的终极杠杆！在21世纪，伟大的成功只会青睐那些令人敬畏的市场商人，而“国际第一营销管理大师”杰·亚伯拉罕就是真正理解这一点的为数不多的几位财智之士之一。

为什么？因为今天的企业已无其他杠杆可用。毕竟，今天的绝大多数企业已经简化成一种商品了。人们购买的行为没有太大的不同，广告的成本也相差无几，就算企业加班加点，轮班两次甚至三次，也不会带来多少优势。

但是，如果你能让自己雇佣的每位销售人员都能给你带来三倍或四倍于竞争对手销售人员的业绩，如果你能从自己所打的广告中获得十倍于竞争对手的收益，如果你能让一位顾客从你那里购买的平均数额超过从竞争对手那里购买的50% ~ 200%，如果你能想出如何每年向顾客"额外"转卖无数次产品或服务，并且每次向他们出售带有很大利润空间的多种多样的产品或服务——你就能遥遥领先于你的竞争对手。

营销就是通过教育使目标观众或听众赏识你的产品、服务或公司给他们提供的优势、利益、收效或保护的能力。你提供给客户的这些东西，不仅要高于优于他们所拥有的东西，而且还要高于优于他们得到的一切选项和选择。

说到底，营销就是销售一种利益。百万美元与碌碌无为之间的区别在于营销策略。

营销离不开策划，它蕴藏着耐人琢磨的思想和智慧。在买方市场占绝对统治地位的今天，营销的重要性不言而喻。失败的营销能毁掉一个企业，给一个企业带来经营的危机和衰败的风险；成功的营销能盘活一个企业，给一个企业带来蓬勃的生机和腾飞的希望。本书是将学习华为的营销推向最高潮的巅峰力作，全面剖析华为的创新营销之道。

全书以理论和实际相结合的笔触，从营销策略着手，用独特的视角揭示了一直自诩为狼的华为在发展过程中客户关系营销、从直销到分销、农村包围城市等一系列独具特色、让人眼花缭乱的营销哲学。

目录

第1章 营销调研

市场营销调研是针对企业特定的营销问题，采用科学的研究方法，系统、客观地收集、整理、分析、解释和沟通有关市场营销各方面的信息，为营销管理者制定、评估和改进营销决策提供依据。

※ 做好调研和环境分析，使计划更有针对性

市场营销调研的基本步骤

市场营销调研，是指系统地设计、收集、分析并报告与企业有关的数据和研究结果。

孙武曾经说过一句话："不知山林、险阻、沼泽之形者，不能行军。"华为人认为，市场营销职能的管理就像行军打仗一样，开始于对企业情况的全面分析。企业必须分析市场和市场营销环境，以找到有吸引力的机会和避开环境中的威胁因素。除分析现有和可能的营销活动之外，企业还必须分析自己的强项和弱项，以便选择最适合于企业的机会。市场营销分析向每一个营销管理职能部门反馈信息和其他情报，调研可以说是营销的起点。

华为在进入市场前，总会采取两项重要行动：市场的可行性研究和营销战略与策略研究。

索尼公司和松下公司在进入美国市场时采取的做法，就非常值得研究。在进入美国市场之前，索尼公司派遣了由设计人员和工程师等组成的专案小组到美国进行调查，研究如何设计迎合美国消费者偏好的产品。松下公司则从 1951 年起就在美国设有专人，在进入美国市场前从事市场信息搜集工作，他们会聘请一些美国专家、顾问或经理人员，帮助自己设计进入市场的策略。

从这里，我们应该明白，日本企业能在美国市场上占有那么大的市场份额，先期的营销调研起到了很大的作用。

有效的营销调研应按以下4个步骤进行。

1．确定调研目标

营销调研的动因大多来自于某种问题或契机，譬如产品的销售量下降了。这样的问题或契机常常是引起营销调研的初始原因，但问题本身并不一定构成营销调研的主题，调研主题的确定还需要对问题进行分析和初步研究。企业必须明白，通过市场调查要解决什么问题，并把要解决的问题准确地传达给市场调查人员。这些目标一定要切实可行而且可以在短时间内完成，否则调查结果就会失去意义。

2．制订调研方案

调研方案设计主要涉及以下内容：调研类型的确定，即决定需要什么类型的信息；资料收集手段的选择，即电话访问、邮寄问卷、个人访谈等；问卷的制定；样本的选择以及调研预算和时间的确定。

3．实施调研计划

调研的执行基本上包括收集资料，资料的整理、分析、解释，最后书写调研报告并提交等几个步骤。这个过程可以由企业的调研人员进行，也可以交由更专业的外部公司，但不管由谁进行，企业都应密切关注现场工作以保证计划的有效执行。

4．解释和汇报调研结果

调查人员需要解释自己的发现，得出结论，然后编写成调查报告提供给有关部门，以便做市场营销计划时参考。一般调研的汇报主要包括以下几方面的内容：调查报告摘要，调查的目的与范围，调查结果分析与结论，建议以及必要的附件，如附属表格、公式等。同时，华为要求调查人员不应该用数值和复杂的统计方法为难管理人员，而应该将有用的调查结果摆出来。最后，由于调研人员和管理人员都可能会对调研结果作出错误的解释，因此，他们必须一起讨论调查结果，双方要对调查过程和相应的决策共同负责。

企业的宏观环境分析

了解了调研的步骤后，营销人员应该先对企业面临的环境做出调查。

华为认为，成功的公司之所以成功是因为它能认识到环境中未被满足的需要，然后做出反应并且从中获利。要达到这个效果，企业首先要做的就是从整体上分析企业的宏观环境。

华为指出，不论是投资人还是企业，都必须注意宏观环境的五大要素的各自发展现状。因为市场机会的来源就是不断改变的宏观环境。

1. 人口环境

人口环境指人口的成长、分布、年龄、结构、性别、职业、教育程度等。它们都直接关系到市场容量、需求结构和消费习惯。它主要包括6个方面：人口的增加、移民率、年龄结构、教育水准、性别角色以及不同职业的消费者。这几方面的不同对营销会有不同程度的影响。

（1）人口成长。全球人口在不断增加。人口的增加，加上购买力的配合，将为企业带来市场机会。在任何一个经济社会中，人口的增加往往表示整个社会对衣、食、住、行、教育、娱乐各方面需求的增加。此时，如果购买力能够维持，则市场机会亦将随之增多。

（2）移民率。移民率对企业的营销活动也有很大的影响。有些热门地区的人口不断增长，例如，由于汽车的普及和郊区设施的改善，城市中心区的居民有从市中心区移往郊区居住的趋势，这将使郊区的市场潜力不断增大。

（3）年龄结构。不同的年龄层对产品和服务的需求会有很大的不同，这也给企业的差异化营销带来了市场机会。

年龄结构变动，市场机会也将随之改变。例如，在许多经济社会中，如美国、日本、中国等，年龄结构已日趋老化，65岁以上的老年人口愈来愈多，占总人口的比重愈来愈高，已成为所谓的“老龄化社会”。因此，凡与老人需要有关的产品和服务，都会寻找到市场机会。

（4）教育水准。人们的教育程度不同，对产品和服务的需要也会不同，对营销活动的反应也不一样。譬如，高等教育程度的消费者对高品质产品、书籍、杂志、文艺活动的需求通常会比低等教育程度的消费者高，而看电视的时间则较少。

（5）性别角色。性别不同对某些产品和服务的需要也会有所差异，如女性消费者对化妆品、减肥及美容服务的需求通常远高于男性消费者，而男性对烟、酒、球类活动则比女性有更高的需求。

（6）职业。不同职业的消费者往往有不同的产品需求和购买行为。

2. 社会与文化环境

每个消费者都是生存在一定的社会文化的环境中的，一定的社会文化环境是人类社会实践活动的产物，而反过来这种社会文化环境又会对人的思想、信仰、行为以及人与人之间的关系产生影响。实际上，一个社会占主导地位的社会指导思想、信仰、世界观、人的行为模式、语言、风俗习惯以及人与人之间的相互关系的总和就是社会文化环境。

作为一个市场营销人员，应该深入了解和认识社会文化环境。例如，我国在改革开放以前，受当时政治环境及高度集中的计划管理体制的影响，人们对产品的需求只能是简单、朴素、耐用、经济，一说到高档、名牌、美观、多样就认为是封、资、修的东西，人们的这种价值准则、这种兴趣爱好就直接影响了企业的生产，使我国的许多产品在很长时期内都是品种花样几十年一贯制，几十年一个老面孔，这既影响了企业的技术进步，也影响了整个社会的进步。更深入地了解社会与文化环境，是企业寻找市场机会的关键一步。

3. 经济环境

经济发展的速度和水平，决定了国民收入水平，也决定了市场的规模和需求档次，间接关系到企业市场机会的大小。

经济因素很多，对企业营销影响较大的有经济发展阶段、地区与行业的经济发展状况、购买力水平等。

（1）经济发展阶段。有些市场比其他市场更为先进或增长更快。各个国家往往处于不同的经济发展阶段，这意味着它们的需求和营销体制会有所不同。

（2）购买力水平。购买力是构成市场和影响市场规模大小的重要因素，而购买力是受宏观经济环境制约的，是经济环境的反映。影响购买力的主要因素有居民的实际收入、币值、消费者的储蓄和信用、消费者的支出模式等。

收入水平决定了购买力的大小，购买力又决定了市场规模的大小，从而关系到市场机会的大小。

4. 技术环境

技术环境变化对企业的生产和销售活动有直接而重大的影响，尤其是在面临原料、能源严重短缺的今天，技术往往成为决定人类命运和社会进步的关键所在。

5. 政治法律环境

政治环境主要指一个国家或地区的政治制度、方针政策、政治倾向等对市场营销所产生的影响。企业营销人员不仅要研究国内关于经济活动的法规、条例，还要研究国际贸易的法规和条例；不仅要研究各项与国际、国内市场营销活动有关的法律、规定，还要研究有关竞争及环保方面的法律、条例和规定，以及有关监督、管理服务于企业市场营销活动的政府部门的职能和任务。

6. 自然环境

自然环境分析是指企业对某一地区、国家乃至世界的自然资源的种类、数量、可用性、能源成本、自然环境污染、政治组织对自然资源的干预的现状及其变动趋势的分析，以及对这一现状及其变动趋势将对企业及企业所在的市场或行业产生何种影响的分析。

总之，宏观环境中的方方面面都会对企业有不同程度的影响，企业应密切注意它们的发展变化。

企业的微观环境分析

除了分析宏观环境外，企业还应该认真分析微观环境，因为企业所采取的各种策略和措施的最终目的都是在赢利的前提下为顾客服务，满足市场的需求。要实现这个任务，企业必须把自己与供应商和市场营销中介联系起来，以接近顾客。供应商——企业——市场营销中介——顾客，形成企业的基本市场营销系统。此外，企业市场营销的成败还受另外两个因素的影响：一是竞争者，二是公众。因此，华为指出，企业需要市场中与其形成互动关系的关键角色的持续信息。

1. 企业

良好的内部环境是企业营销工作得以顺利开展的前提条件。内部环境由企业最高管理层和企业内部各种组织构成。营销部门工作的成败与企业领导及其他部门支持与否有很大关系。

首先，营销管理人员在营销计划的制订和实施过程中必须遵从董事会和总经理的意见。董事会和总经理是公司的最高领导，负责制定整个公司的任务、目标经营战略和经营方针。营销部门经理只能在董事会和总经理限定的范围内进行决策，根据公司要求所制许可证的营销工作计划，只有经公司主要领导批准后方能实施。其次，营销管理人员需同其他职能部门的管理人员协同工作。例如，在落实营销计划的过程中，必然涉及资金的需求和运用，涉及资金在不同产品和不同营销活动中的分配和投资报酬率，涉及销售预测和营销计划的风险性等，这些问题都与财务部门及其业务有关。

2. 供应商

供应商是指为企业提供生产经营所需资源的公司或个人。供应商的情况对企业的市场营销活动产生实质性的影响。供应商提供的原材料价格的变动，会影响企业的生产成本、利润和产品价格，影响企业的市场竞争能力；供应商提供的原材料数量和交货时间影响到企业的生产能否正常进行，提供的原材料质量影响到企业产品的质量，而这些又会影响企业产品的销售并进而影响企业在客户中的声誉。

因此，企业一方面要注意和供应商搞好关系，不但在资源短缺时要这样，在资源宽余时也应如此；另一方面，要对供应商的履约情况进行评价，并据此对供应渠道进行必要的调整。

3．营销中介

营销中介是指协助企业促销、分销其产品给最终购买者的公司，包括中间商（拥有商品所有权的商人中间商和不拥有商品所有权的代理中间商）、实体分配公司（运输企业、仓储企业）、营销服务机构（广告公司、营销调研企业、营销咨询企业等）和财务中间机构（银行、信托公司、保险公司等）。企业要达到实现潜在交换、满足顾客需要的目标，离不开这些营销中介的共同配合。在现代化大生产的条件下，生产和消费之间存在的空间分离、时间分离和信息分离等矛盾，只有在各类营销中介的协助下才能得到有效的解决。企业的市场营销活动如果得不到有关营销中介的配合，就有陷入困境的可能。

对于企业应当保持和发展与供应商及中间商的互利关系问题。华为说："如果一个公司不适当地从它的供应商处挤取利润，如果它过多地把产品塞给分销商，如果它使合作者输在供应环节上而获得胜利，那么，这个公司就会失败。精明的公司将通过与供应商和分销商合作，以更好地服务为最终顾客服务"。

4．顾客

微观环境中的第四个因素就是顾客。企业与顾客的关系实际上是一种生产与消费的关系。企业的一切市场营销活动都是为了满足顾客的需要。因此，顾客的需要是企业生产经营活动的出发点。

5．竞争者

竞争者是指与企业生产相同或类似产品的企业和个人。企业的竞争者主要包括4种：愿望竞争者、平行竞争者、产品形式竞争者和品牌竞争者。愿望竞争者的竞争对手提供不同的产品以满足不同的消费者需要。平行竞争者生产的是同一种商品，他们针对相同的消费者需要。产品形式竞争者是指生产同种产品，但提供不同规格、型号、款式的竞争者。品牌竞争者则是其他因素都相同，唯独品牌不同的竞争者。

6．公众

由于企业的活动会影响其他群体的兴趣，这些其他群体就构成了该企业的主要公众。公众的定义如下：公众就是对一个组织实现目标的能力有着实际、潜在兴趣或影响的群体。

公众可能有助于增强一个企业实现自己目标的能力，也可能妨碍这种能力。鉴于公众会对企业的命运产生巨大的影响，精明的企业就会采取具体的措施，去成功地处理与主要公众的关系，而不是等待和不采取行动。

通过对企业的微观环境的分析，营销人员应该明白，若想取得市场营销的成功，就必须保持与处理好各方面关系，并保证各方的利益不受损害。

营销经典：C & C08 机：撬动市场的支点

华为从来不以技术先导为目的，它的唯一目的，是在市场上迅速削弱、打击、消灭竞争对手。技术只是完成这目的的手段之一。针对不同对手、不同情况，采用不同的方式，开发不同层次的技术。这就是华为的技术策略。

众多的研究资料都认为，华为在通信设备核心技术方面的第一次突破，是 1994 年推出的 2000 门网用大型交换机设备 C & C08 机。C & C08 机的研制始于 1992 年。这一年，华为的销售额首次突破亿元大关，利润上千万，平均在每个员工头上，有近百万的利润。但是，任正非却做出了一个出人意料的决定：投资亿元研制 C & C08 机。关于任正非的这一决定，不少文字资料做了如下描述：1992 年前后的深圳，知识无用论盛行，房地产、股票泡沫正浓，很多人一夜之间暴富，更多的人沉浸在发横财的梦想之中。社会上弥漫着浮躁、投机取巧之风真正做实业、做研究的企业却受到了很大冲击。于是，大量企业转入赚钱快、相对容易的行业。但是，华为公司没有为浮利所惑，始终专注于交换机产品，没有加入这种潮流，也没有单一地做代理，而是义无反顾地走上了充满风险的自主研发的道路。

1992 年 1 月，邓小平南行讲话后，经过三年治理整顿后的经济，进入恢复性的高速增长。但由于投资速度过快、规模过大，导致经济过热。

上千亿的房地产资金“飞蛾扑火”般地投向南方几个地区，海南 800 亿，北海 300 亿，惠州 150 亿，迅速掀起了一场房地产狂潮。“到处在开工，房子还没有盖，甚至就是一张图纸就进行转让。项目转让了一手、二手、三手。开发的人还没有炒作的人赚钱快，开发的可能赚 500 元一个平方，炒作的人一下可以赚 1000 ~ 2000 元一个平方。”一位曾经身临其境的人说，“那时候甚至国内各省的政府部门都筹集资金到海南来捞一笔，一个人能在一夜之间变成百万富翁。”而在距海南不远的深圳，上演着另外一种疯狂。1992 年 8 月，深圳以发售认股抽签表的方式发行 5 亿元新股。从 8 日起，有超过 100 万的全国各地的准股民涌进深圳，在全市 302 个发售网点前排起长龙，准备购买百元一张的抽签表。在 9 日早晨开始发售时尚能维持一定的秩序，但后因一些网点组织工作出现问题，造成秩序混乱，并发生冲突。其间一张认购证被翻炒到上千元，到8月10日上午，抽签表全部售完。这天傍晚，数千名没有买到抽签表的股民在市内深南中路游行，打出反腐败和要求公正的标语，并形成对市政府和人民银行围攻的局面。这就是中国证券史上著名的“8·10”风波。

当时声名显赫的四通集团大踏步多元化，其中就包括房地产。而讲究“想好了再做”的柳传志也在惠州投资地产，结果不得不改变计划，以“国际电脑城”的名目进行招商，最后则用作自己的南方生产基地。柳传志在回忆历次自己头脑发热的情形时说过这样的话：如果再让我来一次，我很可能还会这样选择。可见华为的第一次转折是在多么狂热和疯狂的环境中完成的。任正非后来在《华为的红旗到底能打多久——向中国电信调研团的汇报以及在联通总部与处以上干部座谈会上的发言》一文中提到了那个时期：“大家知道，深圳经历了两个泡沫经济时代，一个是房地产，一个是股票。而华为公司在这两个领域中一点都没有卷进去，倒不是什么出淤泥而不染，而是我们始终认认真真地搞技术。房地产和股票起来的时候，我们也有机会，但是我们认为未来的世界是知识的世界，不可能是这种泡沫的世界，所以我们不为所动。”

尽管没有任何资料可以证明，任正非在1992年是否涉足过股市和房地产，但是可以肯定的是，当时身处深圳那个特殊环境中的任正非，一定受到过那种非理性群体意识和行为的冲击，甚至动摇过。中国人民大学金融证券研究所所长吴晓求教授在第二届中国基金市场国际研讨会上说：“有家企业，银行账户上有稳定的大量的资金余额，但这家企业的老板是极端厌恶风险的，甚至厌恶证券，一谈到股票他就害怕，就生气。我就碰到这样一位，他就是华为总裁任正非先生，我跟他谈过两次，他一谈到股票，就极端厌恶，他说股票纯粹是不务正业。他说我的公司永远不会和股票打交道，永远也不会和证券打交道。为了说服他，我讲了很多道理，试图说明资本市场将会更有利于他企业的发展，我花了很大的力气，最终还是未能说服他。”由此人们不禁要问：任正非为什么这么讨厌股票？也许不应该排除他曾经涉足股市，并且吃过亏。当然这仅是一种怀疑。关于任正非为什么不惜血本，孤注一掷投入C & C08机的研制，还有文章做了另外一种解释：任正非后来在一篇回忆性文章中说：我国改革开放初期，为了加快发展速度，不断地用优惠政策吸引外资，引进技术，一时间合资合作浪潮此起彼伏。而当时中国还处在一个由计划经济到社会主义市场经济的转型时期，许多政策法规还不健全，国内工业体制、技术改造尚未完成，在这种情况下合资合作的结果是让出了大片市场，使国有企业处于不平等的竞争劣势中。这种以市场换技术的代价太大了！他认为，技术自立是根本，没有自己的科技支撑体系，工业独立是一句空话，没有独立的民族工业，就没有民族的独立。只有自己才能救自己，从来就没有什么救世主，也没有神仙，中国要发展，就必须靠自强。因此，任正非一开始就给华为定下了明确目标：发展民族工业，立足于自己科研开发，紧跟世界先进技术，目标是占领中国市场，开拓海外市场，与国外同行抗衡。更有甚者说：“在华为诞生不久，任正非就提出‘做一个世界级的、领先的电信设备提供商’，并且逢人就传播这个狂想。这个想法在当时是如此不可思议，以致他被人称为‘任疯子’。”

这种分析方法是典型的“结果论”。其实，任何一个企业家都会有一个深刻的感受：在资本积累时期，活下去是硬道理。任正非个性偏执人所共知，但再有科技报国的理想，也得服从活下去的需要。很简单，一个企业要活下去就要有利润，而利润产生于其产品在市场上换回来的销售额。1992 年华为决心研制 C & C08 机，是被市场逼进了死胡同。

在研制过程中，由于李一男和郑宝用都是光通信出身的，在一个偶然的情况下，二人建议开发组使用光纤作为交换机的连接材料。此前，国外的万门交换机都是通过电缆连接的。电缆的最大弱点是对维护技术要求高，在用户过于分散的情况使得铺设成本过高，不适合远端市场，而光纤最适合远端，适应了中国广大农村地区的需求。

当时，国内光纤通信技术（SDH）尚不成熟，没有一个统一的通信标准。华为自己搞了一个标准，采用光纤作为交换机的连接材料。华为的这种交换机母机设在县电信局，维护系统、计价系统都在县局统一进行，而远端运行模块设在乡镇里，中间通过光纤连接。后来，刘平又设计了 RTU 系统，把终端由乡里拉到了村里。这样，中国广大农话市场有了一套完整的实用的解决方案。华为的这套基于 SDH 架构的独特的农话系统一下子打开了中国广大农村的市场空间，为后来进入城市打下了基础。华为这套适合远端的 SDH 架构后来形成了华为的接入网 HOTNET 概念。当时，城市里的解决方案是从电信局拉一根电缆到小区，再从小区到用户家里。由于光纤容量巨大，一根光纤相当于一捆电缆。华为采用光纤直接从电信局拉到了用户家里，节省了很多成本。在无线通信方面，华为最成功的还是 ETS，这是对交换机的一种补充。当时，中央提出村村通计划，要求农村各地都实现通电话。

但是在很多农村地区，住户非常分散，拉电缆成本很高。华为的ETS产品是利用已有的交换机，加上无线接收设备开发的。具体地讲，就是在乡镇与村委间通过无线设备进行对接，再从村委拉有线电话线到各个农户家里。华为的这种产品在渔民众多、居住分散的海南、广西等省区得到了广泛应用。1998年洪灾时，华为捐赠了一批ETS产品到抗洪前线。洪水把原来的有线通信设备都冲坏了，这批无线通信设备发挥了重要作用。当时江泽民在视察抗洪前线的时候，还在现场使用华为的这种电话。

营销忠告：市场营销职能的管理就像行军打仗一样，开始于对企业情况的全面分析。企业必须分析市场和市场营销环境，以找到有吸引力的机会和避开环境中的威胁因素。除分析现有和可能的营销活动之外，企业还必须分析自己的强项和弱项，以便选择最适合于企业的机会。市场营销分析向每一个营销管理职能部门反馈信息和其他情报，调研可以说是营销的起点。

※ 注重信息研究和需求衡量，为企业的准确决策奠定基础

建立营销信息系统

市场信息系统是搜集、分析、处理信息，向企业管理者提供有用信息的有组织的系统。这种信息系统建立的目的是帮助企业获取大量的信息，并从中挑选出真正有价值的信息，为以后的营销企划打好基础。

对于市场信息系统的设计，既要保证信息能够迅速准确地传递，又要保证所提供的信息具有可靠性与实用性。根据对市场信息系统的要求和市场信息系统收集、处理和利用各种资源的范围，市场信息系统一般可分为以下 4 个子系统：

1. 内部报告系统

企业的内部报告系统是企业最基本的信息系统。这个系统的主要任务是提供控制企业全部经营活动所需的信息，包括订货、销售、库存、成本、现金流量、应收应付账款及盈亏等方面的信息。企业管理人员通过分析这些信息，比较各种指标的计划和实际执行情况，可以随时发现企业的市场机会和存在的问题。

华为认为，企业内部报告系统的核心是订单循环系统，即“订货——发货——收账”循环。这一循环过程集中反映了企业各个环节及企业经营活动运行的效率。所以，企业的内部报告系统的关键是如何提高这一循环系统的运行效率，并使整个内部报告系统能够迅速、准确、可靠地向企业的管理者提供各种有用的信息。

2. 营销情报系统

企业的市场营销情报系统是指企业营销人员取得外部市场营销环境中的有关资料的程序或来源。市场信息的获得常通过查阅各种商业报刊、文件，直接与顾客、供应者、经销商交谈，与企业内部有关人员交换信息等方式。也有的是通过雇用专家收集有关的市场信息，如通过专家收集有关产品发展趋势的信息，为企业的新产品开发提供依据。也有的通过各种公开手段了解竞争对手的情况，如通过购买竞争对手产品进行分析研究，以改进本企业产品。通过参观竞争对手的生产设备及生产过程，以了解竞争对手的生产技术水平，还有的通过向情报商等购买市场信息，有的专门从事市场研究的机构以出售市场信息为生，只要企业支付一定费用，便可得到有关市场信息。

3. 市场营销调研系统

市场营销调研系统主要负责收集、评估、传递管理人员制定决策所必需的各种信息。企业管理人员常常请求市场研究部门从事市场调查、消费者偏好测验、销售研究、广告评估等工作。研究部门的工作主要侧重于特定问题的解决，即针对某一特定问题正式收集原始数据，加以分析、研究，写成报告供最高管理层参考。

4. 市场营销分析系统

这是从改善经营或取得最佳经营效益的目的出发，通过分析各种模型，帮助市场营销管理人员分析复杂的市场营销问题的系统。该系统包括一些先进的统计程序和模型，借助这些程序和模型，可以从信息中发掘出更精确的调查结果，这个系统主要是为了帮助企业进行正确的信息分析。

通过对4个系统的分析，企业可以根据自身情况建立一套信息系统，以帮助企业的营销人员在最短的时间内获得最多的有价值的信息。

市场需求分析

华为认为，要制订营销计划首先要进行市场调研和信息收集，分析需求预测可以说是信息分析的目的。

估计市场需求是信息分析的重要步骤，但在大多数情况下，人们对市场需求含义的理解并不准确。市场需求的确切定义应当是：某个产品的市场需求是指一定的顾客在一定的地理区域、一定的时间、一定的市场营销环境和一定的市场营销方案下购买的总量。

企业若需做市场需求分析应该从以下几个方面考虑：

1. 市场预测

所谓市场预测，就是指在市场调查和市场分析的基础上，运用逻辑的数学方法，预先对市场未来的发展趋势作出描述和量的估计。它通过历史时期内有关社会经济现象的大量信息，系统地分析研究影响市场的各种因素，掌握市场变化的规律性，为制订经营决策提供科学依据。

2. 市场潜量

市场预测是估计的市场需求，但它不是最大的市场需求。最大的市场需求是指对应于最大的市场营销费用的市场需求，这时，进一步扩大市场营销力量，不会刺激产生更大的需求。市场潜量是指在一定的市场营销环境条件下，当行业市场营销费用逐渐增高时，市场需求达到的极限值。这里，有必要强调"在一定的市场营销环境条件下"这个限定语的作用。我们知道，市场营销环境变化深刻地影响着市场需求的规模、结构以及时间等，也深刻地影响着市场潜量。例如，对于某种产品来说，市场潜量在经济繁荣时期就比在萧条时期要高。

3．企业需求

企业需求就是在市场总需求中企业所占的需求份额，表示成数学公式为：

$$Qi=SiQ$$

式中，Qi为企业i的需求；Si为企业i的市场占有率，即企业在特定时间内，在特定市场上某产品销售额占总销售额的比例；Q为市场总需求。同市场需求一样，企业需求也是一个函数，称为企业需求函数或销售反应函数。根据上式，我们可以看出，企业需求不仅受市场需求决定因素的影响，还要受任何影响企业市场占有率因素的影响。

4. 企业销售预测

企业销售预测指的是根据企业确定的市场营销计划和假定的市场营销环境确定的企业销售额的估计水平。

如果企业的销售预测是指对全国经济活动的估计，或者企业需求几乎是不可扩张的，那么从预测到计划的顺序就是正确的。但是如果这预测是指对企业销售额的估计，或者，市场需求是可扩张的，那么在销售预测的基础上开发市场营销计划就是不正确的。企业销售预测是由市场营销计划决定的，而不是营销计划的基础。

5. 企业潜量

企业潜量是当企业的市场营销力量相对于竞争者不断增加时，企业需求所达到的极限。很明显，企业需求的绝对极限是市场潜量。如果企业的市场占有率为100%，即企业成为独占者时，企业潜量就等于市场潜量。但这只是一种极端状况，在大多数情况下，企业销售量小于企业潜量。

6. 估计当前市场需求

企业估计当前市场需求，主要是估计总的市场潜量、区域市场潜量、实际销售额和市场占有率。

总市场潜量就是指在一定期间内，一定水平的行业市场营销力量下，在一定的环境条件下，一个行业中所有企业可能达到的最大销售量，用公式表示为：

总市场潜量＝潜在购买者数量 × 一个购买者的购买数量 × 每一平均单位的价格

企业计算出总市场潜量后，还应把它同现有市场规模进行比较。现有市场规模是指目前实际购买的数量或金额。显然，它总是小于总市场潜量。估计现有市场规模占总市场潜量的比例，对于制定正确的市场营销决策十分重要。

另外，还有一个重要概念，即可达市场。所谓可达市场，是指企业产品可达并可吸引到的所有购买者。如果由于企业的价格对其他竞争者的顾客没有吸引力，所以，它无法渗透其他竞争者的市场。然而，由于企业产品只销售到全国某一区域，尽管其现有市场占有率极低，但其可达市场占有率却很高。因此，企业的最佳选择是争取其可达市场中尚未开发的部分，而不是去争取竞争者的顾客。

7. 估计区域市场潜量

企业不仅要计算总的市场潜量，还要选择欲进入的最佳区域，并在这些区域内最佳地分配其市场营销费用，评估其在各个区域的市场营销效果。

为此，企业有必要估计各个不同区域的市场潜量。目前较为普遍地使用两种方法：市场累加法和购买力指数法。产业用品生产企业一般使用前者，而消费品生产企业多采用后者。

（1）市场累加法。所谓市场累加法，是指先确认某产品在每一个市场的可能购买者，之后将每一个市场的估计购买潜量加总合计。当企业掌握所有潜在买主的名单以及每个人可能购买产品的估计量时，可直接应用市场累加法。

（2）购买力指数法。所谓购买力指数法，是指借助与区域购买力有关的各种指数(如区域购买力占全国总购买力的百分比、该区域个人可支配收入占全国的百分比、该区域零售额占全国的百分比，以及居住在该区域的人口占全国的百分比等)来估计其市场潜量的方法。

区域市场潜量的估计只能反映相对的行业机会，而不是相对的企业机会。各企业可以用公式中未考虑的因素来修正所估计的市场潜量。这些因素包括品牌占用率、竞争者类型与数目、销售力量的大小、物流系统、区域性促销成本、当地市场的特点等。

8. 估计销售额和市场份额

企业不仅要估计总市场潜量和区域潜量，还要了解本行业的实际销售额。这就是说，企业还要识别竞争者并估计他们的销售额。根据国家统计部门公布的统计数字，企业可以了解到本行业的总体销售状况，并将企业销售状况与整个行业发展相比较，评价企业发展状况。例如，如果企业的销售额年增长率为6%，而整个行业的增长率为10%，这就意味着企业的市场占有率在下降，企业在行业中的地位已被削弱，而竞争者发展迅速。

当企业进入产权经营阶段，企业发展战略决策显得越来越重要，个人决策的非理性因素可能导致“一着不慎，满盘皆输”，加强市场需求预测已经是刻不容缓的大事。

需求预测的 4 种方法

市场需求及其预测对市场营销计划有着极其重要的作用，可靠的预测已经成为企业成功的关键。因此，公司在预测时应谨慎，有以下几种预测方法。

1. 购买者意向调查法

购买者意向调查就是在既定的条件下，对购买者可能购买什么进行调查。当购买者的购买意向清晰明确、将转化为购买行为且购买者愿意将其意向告诉调研人员时，应用这种方法是很有效的。在西方国家，一些调研机构定期对消费者购买耐用消费品的意向进行调查。

2. 推销人员意见综合法

在无法对购买者进行询问的情况下，企业可以要求它的推销人员对未来的需求作出估计。

一般，必须对推销人员做出的预测结果进行必要的调整。这是因为：由于推销人员受其自身天性及近期推销绩效的影响，可能做出过分乐观或悲观的判断。由于所处地位的局限，他们可能不了解宏观经济的发展变化及企业的市场营销总体规划对未来市场销售的影响；在推销人员的个人利益和推销业绩直接挂钩的情况下，推销人员可能从个人利益出发，对未来的市场需求做出较低的估计；推销人员也可能由于缺乏进行预测的知识、能力或不愿进行深入研究，因而做出的估计误差很大。

3. 专家意见法

企业可以利用中间商及其他一些专家的意见进行预测。由于这种方法是以专家为索取信息的对象，用这种方法进行预测的准确性，主要取决于专家的专业知识和与此相关的科学知识基础，以及专家对市场变化情况的洞悉程度，因此依靠的专家必须具备较高的水平。

利用专家意见有多种方式。例如，组织一个专家小组进行某项预测，这些专家提出各自的估计，然后交换意见，最后经过综合，提出小组的预测。这种方式的缺点是，小组成员容易屈从于某个权威或者大多数人的意见（即使这些意见并不正确），不愿提出不同的看法；或者虽然认识到自己的意见错了，但碍于情面不愿意当众承认。

现在应用较普遍的方法是德尔菲法。其基本过程是：先由各个专家针对所预测事物的未来发展趋势独立提出自己的估计和假设，经企业分析人员（调查主持者）审查、修改，提出意见，再发回到各位专家手中，这时专家们根据综合的预测结果，参考他人意见修改自己的预测，即开始下一轮估计。如此反复，直到各专家对未来的预测基本一致为止。

4．市场试验法

企业收集到的各种意见的价值，不管是购买者、销售人员的意见，还是专家的意见，都取决于获得各种意见的成本、意见可得性和可靠性。如果购买者对其购买并没有认真细致的计划，或其意向变化不定，或专家的意见也并不十分可靠，在这些情况下，就需要利用市场试验这种预测方法。特别是在预测一种新产品的销售情况和现有产品在新的地区或通过新的分销渠道的销售情况时，利用这种方法效果最好。

营销经典：外交路线就是销售路线

除了价格、技术、市场等各方面因素之外，促使华为海外成功的，还有非常重要的一个原因。这一点非常值得我们分析和借鉴。任正非在《走过欧业分界线》中明确提到了这一点:“中国的外交路线是成功的,在世界赢得了更多的朋友……华为公司的跨国营销是跟着我国外交路线走的,相信也会成功的。”与世界大国建立战略伙伴关系,巩固和发展同周边国家友好合作关系,加强与广大发展中国家的传统友好关系,是新时期我国外交战略中三个重要内容。华为的跨国营销基本上也是沿着这三条线走过来的。

应该说,华为的跨国营销和我国外交路线的结合,是成功的,也是必然的。正如邓小平指出的那样:“世界上一些国家发生问题,从根本上说,都是因为经济上不去。”发展问题是“核心问题”,“这不仅是经济问题,实际上是个政治问题。”经济日益成为国际关系中的关键因素,世界各国特别是大国都着眼于提高以经济为基础,以科技为先导的综合国力。在某种程度上,一个国家的企业在世界企业界范围内的实力对比,决定了国家综合实力的强弱,而国家综合实力是外交路线和策略的决定因素。所以,政治外交越来越注重以经济外交作为基础和先导。那么,作为企业来说,华为依照外交路线设计营销路线,也是非常明智的选择。好处有两点,一是可以在国家外交的背景下,长期稳定海外发展方向;二是在为经济外交做贡献的同时,可以优先获得政府的支持。

营销忠告:市场信息系统是搜集、分析、处理信息,向企业管理者提供有用信息的有组织的系统。这种信息系统建立的目的是帮助企业获取大量的信息,并从中挑选出真正有价值的信息,为以后的营销企划打好基础。

※ 营销的计划与执行

营销计划的具体步骤

企业在做了一系列的市场调研和信息搜集以及需求衡量等工作后，接下来要做的就是根据收集到的所有信息制订市场营销计划。

华为认为，计划首先是执行总结，它所涉及的是制定有助于公司实现整体战略目标的营销战略。

所谓的营销计划，是指企业在分析外部环境和内部条件的基础上，确定企业营销发展的目标，做出营销活动总体的、长远的谋划，以及实现这样的谋划所应采取的重大行动措施。

华为认为，一个典型的产品或品牌营销计划应该包括以下的几个主要部分：执行总纲，当前营销形势，分析机会与威胁、优势与劣势，拟定营销目标，制定营销策略，提出行动方案，预算方案，市场营销控制。

1．执行总纲

市场营销计划首先要有一个内容提要，即对主要营销目标和措施的简要概括和说明，以便于企业领导者很快掌握整个计划的核心内容。如某企业的营销计划概要可这样表述：“本企业计划在新的一年里使销售与利润额比上年有明显增长，增长率达到 10%。其中，销售收入目标为 1520 万元，利润目标为 150 万元。计划采用的主要营销手段包括调低价格，强化广告促销，开设 2 个新的销售点。为此要求营销预算增加 15%，达到 120 万元……”

2．当前营销形势

这部分应向决策层提供关于营销组合诸因素以及宏观环境的有关数据，使其对目前形势以及宏观环境的有关数据有一个感性的认识。

（1）市场形势。指对目标市场规模与增长程度、顾客需求、观念和购买行为的初步分析。

（2）产品形势。即本企业产品在目前市场中所处的地位。包括销售量、价格、净利润等。

（3）竞争形势。即明确目前主要的竞争对手，对其规模、份额、营销组合以及战略进行描述。

（4）分销形势。指对分销渠道分布、规模、报酬率、效率、与竞争对手作比较。

（5）宏观环境分析。主要包括环境六要素的变化趋势、可能的机会或威胁。

3. 分析机会与威胁、优势与劣势

根据上述营销现状的资料，计划人员要找出企业或某一产品面临的主要机会与威胁，作为下一步采取措施的依据。

除了对机会与威胁的分析外，计划书还可进一步分析本企业的优势与劣势。机会与威胁主要针对外界因素而言，而优势与劣势则是指企业的内在因素。优势指企业可以利用的要素，如高质量的产品、出色的服务网和分销网、极富感染力的广告；劣势指企业应加以改正的部分，如价格偏高、公关宣传不足、产品的市场定位不如竞争对手明确等。

4. 拟定营销目标

对机会、威胁、优势、劣势分析的结果应是确定营销要解决的主要问题，即拟定营销目标。目标是营销计划的核心与制定下一步具体营销策略和行动方案的基础。目标分为两类：财务目标，包括短期利润指标，长期的投资收益率等；营销目标，主要是销售额、市场占有率、目标利润率及有关广告效果、分销网点、定价等方面的具体目标。所有目标都应以定量的形式表达，并具有可行性、一致性，能够分层次地加以说明。

5. 制定营销策略

营销策略是企业用以达到营销目标的基本方法，包括目标市场、产品定位、市场营销组合策略、市场调研等主要决策。

企业营销的每一个目标都可通过各种方法去实现。如企业的利润指标增加，既可以通过提高单位产品销售价格，也可以通过扩大产品销售量取得。营销战略就要从这些方法中选择最佳方案。提高单位产品单价，可能会引起销售量下降，扩大产品销售量又可能会受企业生产能力制约等，这就需要企业注意各方面的分析，保证计划的可行性。

6. 提出行动方案

市场营销程序是对营销活动中某项工作的先后顺序和应遵循的具体步骤的规定。营销程序的一些条款性的具体规定，既指导人们如何行动，又确保企业的各项营销工作有条不紊地进行。

行动方案表明将具体做什么，什么时间做，谁参与，预计花费多少等，按时间顺序列成表，即是未来实际行动的计划。

7. 预算方案

根据行动方案还要编制相应的预算方案，表现为盈亏报表。收入方为预计销售量和平均价格，二者相乘得出预计的销售收入；支出方包括生产、销售、广告、实体分销等项费用；收支之差即预计的利润。

企业领导者审查批准或修改这个预算，而一旦批准，该预算便成为安排采购、生产和营销活动的基础。

8. 市场营销控制

市场营销控制是市场营销计划的最后一部分，是对计划执行过程的控制，其典型的做法是将计划规定的目标和预算按月分解，以便于企业高层管理者进行有效的监督、检查和调整，督促未完成计划的部门改进工作，确保市场营销计划的完成。

另外，市场营销计划还应关注执行过程中可能遇到的风险，并选择相应的控制方法。这是全部计划的最后一部分，用来监测营销计划的进度与完成情况。为了便于监测，整个计划的目标和预算应该按月或按季度制定，并要求量化明确。高层管理层可以对计划执行情况全程进行监测，对未能完成的目标或超额的预算及时作出反应。进度落后那部分的负责人，必须对落后原因加以解释并提出改进的方法。

营销部门组织

华为认为，若想使营销计划有效地执行，就必须建立营销组织来执行营销计划。营销部门内部的组织结构有多种形式，但大致都与职能分工、地理区域、产品和顾客划分有关，企业可按这几种分工方式设置相应机构。

1. 职能式组织

这是最传统也最常见的市场营销组织形式。它强调市场营销各种职能如销售、广告和研究等的重要性。当企业只有一种或很少几种产品，或者企业产品的市场营销方式大体相同时，按照市场营销职能设置组织结构比较有效。但是，随着产品品种的增多和市场的扩大，这种组织形式就暴露出发展不平衡和难以协调的问题。既然没有一个部门能对某产品的整个市场营销活动负全部责任，那么，各部门就强调各自的重要性，以便争取到更多的预算和决策权力，致使市场营销总经理无法进行协调。

2．产品式组织

生产多种产品或多种不同品牌的大企业，往往按产品或品牌建立管理组织，即采取由某专人负责一种产品或产品线的组织形式。

这种组织形式的优点：一是各类产品责任明确，由于产品互不相关，各产品相互干扰不大；二是比较灵活，增加新产品时再增加一个产品部即可。其缺点是缺乏地区概念，各个产品部不可能对每一个地区都能兼顾并作出适当反应。

产品式组织比较适合采用多角化经营战略的企业。这类企业同时从事多种不同系列、不同品牌产品的经营，产品之间差异颇大。当产品差异较大时，它们就很难适用同一套营销策略和计划，由不同人分别对它们负责也就顺理成章了。

产品式组织目前在食品、洗涤品、化妆品和化学药品等行业里最受欢迎，如著名的宝洁公司、通用食品公司都建立了产品式组织。产品经理负责对一项产品从市场调查、预测，制订策略、制订计划，到实施、控制的全过程。产品或组织保证了不同品种的产品都有专人负责而不致被忽视。

3．地区式组织

如果一个企业的市场营销活动面向全国，那么它会按照地理区域设置其市场营销机构。为了使整个市场营销活动更为有效，地理型组织通常都是与其他类型的组织结合起来使用。

如何使营销计划更加成功

华为指出，一些企业尽管做出了不错的营销计划，但是不能做出适当的营销控制。若要确保计划的有效执行，企业应该时时对营销执行过程进行有效的控制，它主要包括 4 个方面。

1. 年度计划控制

年度计划控制是为了保证公司在年度计划中所制定的销售、赢利和其他目标的实现。这一任务可分为 4 步：

（1）管理当局必须明确地阐明年度计划中每月、每季的目标。

（2）管理当局必须掌握衡量计划执行情况的手段。

（3）管理当局必须确定执行过程中出现严重缺口的原因。

（4）管理当局必须确定最佳修正行动填补目标和执行之间的缺口。

2. 赢利能力控制

企业除年度控制外，还需衡量不同的产品在不同市场针对不同的顾客群，通过不同的分销渠道获利的能力。通过获利性控制可帮助企业决定哪些应扩大，哪些应该缩减，甚至放弃。

赢利能力控制通常包括 3 个必要步骤：

（1）确定各职能的费用。

（2）将费用分配给各营销实体。

（3）为不同的渠道编制损益表。然后，决定最佳改进方案。

其中，需要引起注意的是在利用分析工具中的成本分析时，应明确不同的成本概念的内涵。

3. 效率控制

假如赢利能力分析显示出企业关于某一产品、地区或市场所得的利润很差，那么紧接着下一个问题便是有没有高效率的方式来管理销售人员、广告、销售促进及分销。

（1）销售人员效率。企业的各地区的销售经理要记录本地区内销售人员效率的几项主要指标，这些指标包括：

①每个销售人员每天平均的销售访问次数；

②每次会晤的平均访问时间；

③每次销售访问的平均收益；

④每次销售访问的平均成本；

⑤每次销售访问的招待成本；

⑥每百次销售访问而订购的百分比；

⑦每期间的新顾客数；

⑧每期间丧失的顾客数；

⑨销售成本对总销售额的百分比。

企业可以从以上分析中，发现一些非常重要的问题，例如，销售代表每天的访问次数是否太少，每次访问所花时间是否太多，是否在招待上花费太多，每百次访问中是否签订了足够的订单，是否增加了足够的新顾客并且保留住原有的顾客。当企业开始正视销售人员效率的改善后，通常会取得很多实质性的改善。

（2）广告效率。企业应该至少做好如下统计：

①每一媒体类型、每一媒体工具接触每千名购买者所花费的广告成本；

②顾客对每一媒体工具，注意、联想和阅读的百分比；

③顾客对广告内容和效果的意见；

④广告前后对产品态度的衡量；

⑤受广告刺激而引起的询问次数。

企业高层管理可以采取若干步骤来改进广告效率，包括进行更加有效的产品定位，确定广告目标，利用电脑来指导广告媒体的选择，寻找较佳的媒体以及进行广告后效果测定等。

（3）促销效率。为了改善销售促进的效率，企业管理阶层应对每一销售促进的成本相对销售的影响作记录，注意做好如下统计：

①由于优惠而销售的百分比；

②每一销售额的陈列成本知

③赠券收回的百分比；

④因示范而引起询问的次数。

企业还应观察不同销售促进手段的效果，并使用最有效果的促销手段。

（4）分销效率。分销效率主要是对企业存货水准、仓库位置及运输方式进行分析和改进，以达到最佳配置并寻找最佳运输方式和途径。例如，面包批发商遭到了来自连锁面包店的激烈竞争，他们在面包的物流方面尤其处境不妙，面包批发商必须作多次停留，而每停留一次只送少量面包。不仅如此，卡车司机一般还要将面包送到每家商店的货架上，而连锁面包商则将面包放在连锁店的卸货平台上，然后由商店工作人员将面包陈列到货架上，这种物流方式促使美国面包商协会提出：是否可以利用更有效的面包处理程序为题进行调查。该协会进行了一次系统工程研究，他们按一分钟为单位具体计算面包装上卡车到陈列在货架上所需要的时间；通过跟随司机送货和观察送货过程，这些管理人员提出了若干改进措施，使经济效益的获得来自更科学的作业程序。不久，他们在卡车上设置特定面包陈列架，只需司机按动电钮，面包陈列架就会在车子后部自动开卸。这种改进措施受到进货商店的欢迎，又提高了工作效率。

效率控制的目的在于提高人员推销、广告、销售促进和分销等市场营销活动的效率，市场营销经理必须注视若干关键比率，这些比率表明上述市场营销组合因素的有效性以及应该如何引进某些资料以改进执行情况。

4. 战略控制

把检查公司基本战略是否与公司的机会匹配的做法称为战略控制。

概括地说，战略控制是指市场营销管理者采取一系列行动，使实际市场营销工作与原计划尽可能一致，在控制中通过不断评审和信息反馈，对战略不断修正。市场营销战略的控制既重要又难以准确，因为企业战略的成功是总体的和全局性的，战略控制注意的是控制未来，还未发生的事件；战略控制必须根据最新的情况重新评价计划和进展，因而难度也较大。

营销经典：跨国营销打外交牌

“东方不亮西方亮，黑了北方有南方。”这是2002年国内外电信产业步入“寒冬”之时，任正非讲话中最常说的一句话。

与俄罗斯的大国伙伴关系

1996年，俄罗斯当时的总统叶利钦对中国进行国事访问，与江泽民主席就建立和发展中俄两国战略协作伙伴关系，加强两国在各领域的双边合作进行会谈。宣布两国将发展“平等信任、面向21世纪的战略协作伙伴关系”。并确定两国发展方向是“平等信任、睦邻友好、互利合作、共同发展。”任正非马上捕捉到这一国际关系变化中隐藏的商机，加快与俄罗斯的合作。1997年4月8日任正非亲赴俄罗斯的军工重镇——乌拉尔山西麓的乌法市，出席华为与俄罗斯的合资公司贝托华为的签字仪式。回国后写下了一篇分析美、俄、中三国关系的文章《走过亚欧分界线》。文中写道：美国在苏联解体前曾经许诺，要给以帮助，但是他们没有兑现。他们又向俄推荐了休克疗法，使俄的经济一溃千里。他们总是给你诱饵，让你改变一些政策，当按照他们的要求改进了一点，然后他们又提出进一步的要求，不断地逼你，始终得不到美国“真诚”的帮助。美国天天标榜自己这么好，既然真诚帮助俄罗斯，那么，北约为什么还要东扩？北约是针对华约而存在的，华约没有了，北约也应随之消失，使各国的武装力量都缩小到以自卫为主，世界的和平就有望来到。北约进一步东扩，就是瞄准俄罗斯的，乘着他困难之际排挤他、消灭他，使之变成美国的附庸。美国的战略从来没有动摇过，包括挑动日本、遏制中国、支持台独、制造中国威胁论、挑动周边国家与中国的矛盾，都是它想独霸世界企图的体现。时好时坏的中美关系，是它的需要，并不代表它的醒悟。美国永远不会希望中国、俄罗斯强大起来，俄罗斯广大人民已有认识。俄罗斯民族是自尊心很强的民族，一旦强大起来，美、苏还会对抗的，所以美国不会真心帮助他们。因此，有一部分人民愿意加强与亚洲的合作，特别是与中国的合作。他们认识到北约东扩，使俄罗斯受到西方的压力。日本对二战的模糊状态、右翼势力策动的钓鱼岛事件、台独，都使中国受到美国遏制政策的压力。这种来自东西方的压力，使中俄靠得更紧了。一切拥有中国品牌的优秀企业，都应到俄罗斯市场上去一显身手，在优势互补的条件下，促进中俄友谊，使美国独霸世界的野心不能得逞。越来越多的企业家认识到，国与国之间的竞争就是企业与企业之间的竞争。一个开放的经济，必须建立在稳定的国际政治关系基础上，才能取得长久的发展。中俄两国在世界政治格局中的必然选择，为两国企业搭建了广泛合作的平台。任正非从国际政治的高度看待国际市场，是非常深刻的，在国内企业家中是超前的。

十年磨一剑——进军美国

目前，国内企业“走出去”有两种模式，一种是走发展中国家的低端市场，多数企业采取这种模式，因为跨国公司在这些国家的力量比较分散；另一种是直接打高端市场，如海尔。华为初期采取的是第一种模式，但是迅速介入第二种，几乎达到同步。目前，在欧洲，华为已经小有名气，他们的 STM 64 光传输系统 2000 年成功应用于德国 PFALZKOM 本地网和 BERLICOM 城域网。2003 年 3 月初，又与法国 LDCOM 公司签订了 DWDM 国家干线传输网合同。华为的成功拉开了中国高端光网络产品规模进入欧洲等发达国家电信市场的序幕，标志着国产光网络产品达到世界一流水平。对于美国这个超级科技大国，华为更是“觊觎”已久。

早在 1993 年，华为就在硅谷建立了一个芯片研究所。1999 年，他们像国际上所有的大企业一样，在美国的通信走廊达拉斯开设了一个研究所，专门针对美国市场开发产品。2002 年 6 月 4 日，华为在美国得克萨斯州成立全资子公司 FutureWei，向当地企业销售宽带和数据产品。华为一位副总裁认为，进军对手最多、最强的美国市场，标志着华为真正国际化。像国内其他企业一样，华为在海外市场的竞争力首先体现在价格上。例如，智能网国内 6 元人民币一线，国外 15 ~ 40 美元一线。价格优势来自低成本。华为的研发人员，拿到的工资是欧美国家同类人员的 1/5 ~ 1/4。华为公司的芯片设计能力已达 0.13 微米，以前芯片进口需 200 美元一片，现在自己设计、到美国加工生产，只要 10 多美元一片。

核心技术的杀伤力其次，以低成本为基础的高端产品核心技术的突破，是冲击美国、欧洲等高端市场的“杀招”。可以说，2003 年 1 月思科公司状告华为一案就是在这种背景下发生的。目前，华为在中国高端路由器市场的排名第二。思科已用并购等手段战胜了三代竞争对手：第一代是 3COM；第二代是康柏、惠普、DEC；第三代则是电信巨人朗讯、西门子、北电、阿尔卡特等。而在 2002 年，思科 CEO 钱伯斯称，华为是思科全球范围内的第四代对手。

在南美，华为推行的 HCIE(华为网络专家认证)，其影响力已经不亚于思科的 CCIE(思科互联网认证专家)。2002 年，华为的数据通信产品出口额增长了 200%，2003 年增至 10 亿美元。感受到威胁的思科于一年半以前成立了“BEATHUAWEI”团队，将华为列为阶段性竞争对手，对华为的营销策略和产品进行详细分析。根据华为的市场分析，思科 2001 年中国市场的整体价格平均降低了 15%。于是业内有人把“思科在你身边，世界由此改变”的广告语戏改为“华为在你身边，思科由此改变”。

营销忠告：一个好的营销计划对整个企业的发展方向具有指向作用，所以，任何企业都应根据自身面临的机会和威胁，制订一个合理的计划。

第2章 营销制胜

在销售中，与客户成为密切的合作伙伴，全力帮助客户实现目标常常会带来意想不到的业绩。能成功地做到这一点的销售组织，常常采用一个有效的销售流程框架，其基础就是由始至终为客户提供百分百优质产品和服务。

※ 农村包围城市

中国革命成功的关键在于找到了一条“农村包围城市”的道路。经济领域中的市场如战场，企业如兵团。华为总裁任正非将毛泽东军事上的战略决策思想逐步深入并运用到企业的战略管理模式当中，华为的品牌扩张就是典型的“农村包围城市”。

国内的“农村包围城市”

1990年，华为开始自主研发面向酒店与小企业的PBX技术并进行商用，以此积累经验和实力。1992年，华为自主研发出交换机及设备，批量进入市场，当年产值达到1.2亿元，利润则过千万，员工超过100人。这个阶段，正是证券市场和房地产市场繁荣的时候，不过华为没有卷入，任正非事后强调：我们认为未来的世界是知识的世界，不可能是这种泡沫的世界。

任正非将所得投入到容量更高的C&C08交换机。

1992年，以阿尔卡特、朗讯、北电等为代表的跨国巨头仍然把持着国内电信市场。而华为只是一个新品牌。这一年，华为自主研发出交换机及设备。于是任正非决定“农村包围城市”，采取人海战术，覆盖农村市场。1994年6月任正非在内部讲话中说：在当前产品良莠不分的情况下，我们承受了较大的价格压力，但我们真诚为用户服务的心一定会感动“上帝”，一定会让“上帝”理解物有所值，逐步地缓解我们的困难。

华为从广大农村和福建等落后省份开始，把主要竞争对手的“兵力”

引向其薄弱地区，拉长战线，“这种时候，敌军虽强，也大大减弱了；兵力疲劳，士气沮丧，许多弱点都暴露出来。”然后，华为再采取“人海战术”(集中兵力)，各个击破空白市场(拿下一个个县的电信局)。当然，任正非在将毛泽东的这些思想运用到企业实践当中的时候，绝不是照抄照搬、一味模仿，而是结合当时的国情、市场特点，根据企业的自身优势制定的。

由于农村市场线路条件差、利润薄，国外厂商都没有精力或者不屑去拓展，从而给国内通信设备厂商带来了机会。华为的销售员全部深入到县级和乡镇市场，因此生存下来，并一路由小做大，渐次进攻到市级、省级，直到国家级的骨干网市场。

随后几年，华为渐次进攻到市级、省级、国家级的骨干网市场。1995年，华为成为中国国家级通信网的主要供应商。从1988年创业到1995年成功进入中国电信的国家核心网络，华为七年磨一剑，证明了“农村包围城市”品牌扩张模式的成功。

任正非以“农村包围城市”的战略迅速攻城略地，通信设备价格也直线下降。华为“农村包围城市”品牌扩张模式能够成功的重要原因在于品牌的差异化市场定位。根据《中国企业报》记者崔玉金的记载：“早在启动农村市场之时，华为就下放绝大多数的销售人员到乡镇、县级市场。每位销售人员都分有一片固定的区域，天天去当地邮电局和电信局报到，帮助电信局解决一些技术上的问题，并不忘借此机会宣传自己物美价廉的产品。此时的广大农村正是电信事业亟待发展的时期，对电信产品有广阔的需求。华为通过各种途径，让基层电信部门认可自己的品牌，进而大范围使用自己的产品。就这样，华为抓住了客户的需求点，其产品一步步在广大的农村地区安了家。”

海外的品牌扩张

任正非曾经用“屡战屡败、屡败屡战、败多胜少、逐渐有胜”来形容华为的国际化之路，而他所采用的手段则可以用“农村包围城市”来概括。

华为当时的心态是，你欧美跨国公司吃欧美市场的肥肉，我可以先去啃亚非拉市场的骨头。当时国际通信品牌几大巨头占据了欧美主流市场大部分的市场份额。华为在产品、技术、人才、综合实力等方面都与其差距悬殊，为了避其锋芒，华为“集中优势兵力，制胜薄弱环节”，先从非洲、中东、亚太、独联体以及拉美等发展中国家入手。

1995 年，华为启动了拓展国际市场的艰苦漫长旅程，起点就是非洲和亚洲的一些第三世界国家。这一战略思路很清晰，但真走起来也非易事。华为的可贵之处在于坚持，在于能够承受“屡战屡败、屡败屡战”的折磨。在这些国家，华为的竞争对手不是当地的廉价劳工，仍然是跨国公司的销售人员和他们的代理。

一位在刚果的华为市场代表说：“这个地方虽然乱，但是块好地，拱一拱就能拱出金子来。”而在这块能拱出金子的地方，爱立信、诺基亚等国际品牌却很难派销售人员来，因为高额的员工补贴让他们的产品毫无优势可言。然而艰苦的环境，更使得华为的“狼性”发挥得淋漓尽致。

任正非曾经这样写道：

中国是世界上最大的新兴市场，因此，世界巨头都云集中国。公司创立之初，就在自己家门口碰到了全球最激烈的竞争，我们不得不在市场的狭缝中求生存；当我们走出国门拓展国际市场时，放眼一望，所能看得到的良田沃土，早已被西方公司抢占一空，只有在那些偏远、动乱、自然环境恶劣的地区，他们动作稍慢，投入稍小，我们才有一线机会。为了抓住这最后的机会，无数优秀华为儿女离别故土，远离亲情，奔赴海外，无论是在疾病肆虐的非洲，还是在硝烟未散的伊拉克，或者海啸灾后的印尼，以及地震后的阿尔及利亚……到处都可以看到华为人奋斗的身影。

从1995起，经历了6年的漫长拼搏，一直到2001年华为在国际市场才真正有了成效。东欧、南欧相继打开市场后，华为开始挺进西欧、北美。

2005年，华为海外合同销售额首次超过国内合同销售额，占总销售额的58%。这一年，英国电信宣布其21世纪网络供应商名单，华为作为唯一的中国品牌，与国际跨国品牌入围“八家企业短名单”。

打开并以新兴市场为据点的策略，被中国企业普遍运用，包括与华为同城兼竞争对手的中兴通讯，也把发展重心集中在发展中国家市场：亚洲的印度、巴基斯坦，非洲的肯尼亚、刚果等。

营销忠告：华为“农村包围城市”的海外市场拓展战略。他们把欧美日等主流市场，当作电信市场战略地图上的“城市”，而把新兴市场国家的市场看作“乡村”。华为海外第一单合同从俄罗斯起步，然后向非洲、东南亚、中东、南美进军，在这些“农村”市场的外围根据地建立后，再逐渐进入欧洲、日本等中心区域。农村市场的成功为华为积累了必要的资本和人脉，让华为有实力和竞争对手在城市通信市场打持久战。

※ 坚持“压强原则”

《华为基本法》第二十三条：我们坚持“压强原则”，在成功关键因素和选定的战略生长点上，以超过主要竞争对手的强度配置资源，要么不做，要做，就极大地集中人力、物力和财力，实现重点突破。

在资源的分配上，应努力消除资源合理配置与有效利用的障碍。我们认识到对人、财、物这三种关键资源的分配，首先是对优秀人才的分配。我们的方针是使最优秀的人拥有充分的职权和必要的资源去实现分派给他们的任务。

以上就是华为在通信界广为流传的“压强原则”。

“压强原则”的实质就是要重点打击主要对手。华为深知，作为一个名不见经传的企业，华为要想在国内混乱的通信市场脱颖而出，就必须比对手提前生产出质量和性能都更出色的产品，并在第一时间获得市场的认可。

1．确保领先的产品技术

华为深知产品领先的重要作用，因此，一向对毛泽东推崇有加的任正非继“农村包围城市”之后在市场营销方面又根据毛泽东“集中优势兵力打歼灭战”的军事思想，在华为的市场营销中发明了“压强原则”这样一种具有开创性的市场争夺战。这种策略运用的前提就是“敌强我弱”。作为当时电信设备巨头中唯一的民营企业，不论是人才的储备、资金链的衔接还是国家宏观政策的扶持，华为可以说没有一样具有优势；要想有所作为，就要集中自己企业内部的所有优势资源，瞄准一个领域或一个方向，集中攻克、开发，争取在某一个阶段、某一个方面领先对手，然后由点及面，逐渐的占领市场，形成无可比拟的竞争力。

华为这种集中力量打击主要对手的战略的主要做法是根据对手的不同制定不同的压强政策。对于规模实力、研发能力和客户关系网相当的“主要竞争对手”，在决定成功的关键技术上和既定的战略生长点上，华为会采取集中所有资源，以压倒性的优势研制出新的产品，不惜一切代价对目标客户重点“保护”的战略。而在自己已有的市场中，华为会把技术更新和推进当作一种狙击新进入者的手段，通过自我否定和自我淘汰，拉动产业进步，提高进入者的“门槛”。

本着这种原则，华为在自己的对手中兴、巨龙和长虹电信资金充足，已经开始研制 C&C08 机的情况下奋起直追，经过夜以继日的研发，终于在 1994 年下半年推出了当时谁也没有动手的大容量的 C&C08 万门机型，该机型一经推出，市场反响良好。直到 1995 年 11 月，中兴通信自行研制的 ZXJ10 大容量局用数字程控交换机才获得成功。而金鹏研制开发的 EIM—601 大容量局用数字交换机（简称 EIM—601 机）也是 1995 年才通过了部级鉴定。到了 1996 年，华为又推出了容量可达 10 万门的 C&C08B 型机。在既定战略上拉开了与竞争对手的距离。在 3G 研究领域，华为更是倾其所有，把大半的资金都投在了上面。通过以上一系列的动作，2004 年以后，华为成为我国电信行业当仁不让的“大哥”，可以说，不论是技术的研发还是终端产品的研制，华为都已经达到了世界一流的水平。

2. 保持快速的反应能力

华为的产品凭着领先、优质、超值，使其在通信领域生产研制出一款又一款优于对手的产品，迅速在国内外市场上脱颖而出，逐渐把不同研发侧重的对手都甩在了身后。

华为在国际市场上获得的第一单就是靠快速的反应能力取得的。1996年，香港和记电信在喜获固定电话运营牌照的同时也面临着一个老大难题，即必须在短短3个月内完成所有移机不改号的工作。和记电信找了许多欧洲的设备供应商，但结果令人失望，他们最快的也得6个月，而且开出的简直是天价。就在这时，有人推荐了华为。名不见经传的华为在不到3个月的时间就圆满地完成了项目。这一战役，十分显著地突出了华为的差异化优势，同时为华为日后进军国际市场进行了一次“大练兵”。

2004年12月8日，从欧洲市场传来了华为的捷报。华为将为荷兰移动通信运营商Telfort建设第三代网络。这是华为的首份欧洲合同，价值数亿欧元。而这次胜利，也是华为的压强原则在国际化道路上的又一次应用。

参与Telfort3G项目竞标的还有爱立信、诺基亚等一流设备商，而最后华为胜出。Telfort选择华为的重要原因之一是华为的欧洲业务研发中心能够快速响应Telfort的业务定制需求，从而帮助Telfort更好地实现灵活的差异化竞争战略。在此之前，华为在欧洲有4个研发中心、1100人的团队，其中75%在当地聘用，人员架构分布达30个国家。集中资源的直接表现就是研发部门快速的反应能力。

其实，“比对手更出众”的战略已经成为华为不可复制的核心竞争力。

在华为的网站上我们可以看到对核心竞争力的一段描述：华为始终坚持核心竞争力是企业生存之本。它认为，企业之间的竞争已经到了核心竞争力竞争的时代。核心竞争力不是仅仅通过学习与模仿就能够取得的，它必须内在于企业文化之中，必须自己建构，具有很强的排他性。核心竞争力为企业提供了进入多样化市场的可能性，同时能够为最终产品提供巨大的附加价值。哪个企业拥有了核心竞争力，就会赢得在市场上的主动和竞争优势。

营销忠告：华为在规模上（主要指人力资源规模）达到甚至超过了主要竞争对手，形成规模优势；在资源配置上又坚持“压强原则”，在配置强度上超过竞争对手，这就造成了一种不对称竞争。结果必然是响应速度更快，开发周期更短，逐渐从后发制人，到开始在一些重要领域先发制人。

第3章 渠道策略

渠道战略，也称营销渠道策略（Marketing Channel Strategy/Strategy of Marketing Channel），是整个营销系统的重要组成部分，它对降低企业成本和提高企业竞争力具有重要意义，是规划中的重中之重。随着市场发展进入新阶段，企业的营销渠道不断发生新的变革，旧的渠道模式已不能适应形势的变化。

※ 从直销到分销

2000年初，华为企业网事业部渠道总监陈凛曾说："目前，华为就是自己网络产品的总代理。"面对笔者的惊诧，陈凛心平气和地接着说："这是不得已而为之，因为大的分销商还不愿意代理国产网络产品。"经过艰苦的研发，当第一款网络产品—— Quidway2501问世之后，一个最切实的问题出现了：怎么做这个市场？电信市场与网络市场最大的不同就在于销售模式：前者是直销，后者是分销。而1997年的华为还从未做过分销。与数据网络产品的研发一样，华为的渠道建设同样走过了一条颇为艰难的路。

"华为是干什么的？"

就像陈凛所说，华为不是没有想过像国外网络厂商一样建立一套完整而有序的销售体系。但是，当华为带着自己的产品找到当时一些著名的网络产品分销商和集成商的时候，最先听到的却是：华为是干什么的？

当时，国产网络刚刚起步，网络市场还是由国外产品一统天下。尽管华为已在通信市场如日中天，但在数据通信市场，华为的知名度几乎是零。了解了华为的来头之后，再看看华为还不成系列的低端产品，那些大的分销商们只是摇头。没办法中的办法，就是华为做起了自己产品的总经销，直接发展中小型分销商。这时，华为已经想好了该怎么走。

1998年10月，华为公司渠道拓展部成立，开始正式建立华为的渠道体系。尽管困难重重，但华为的目标很明确："渠道建立是第一目标，销售业绩还是其次。"一定要在进入市场的初期，严格按照网络市场的规则，建立起完善的渠道体系。在招募经销商的过程中，华为把门槛调低，不论规模大小，只要愿意代理华为的产品，就可以加入。华为准备培养一批中小分销商，熟悉华为、了解华为的产品，真正能把华为的产品推向市场。在华为的渠道计划里，发展中小分销商绝不是一时的权宜之策，华为要与他们共同成长，建立一个有战斗力的团队。基于这种思路，华为在对代理商的支持和培训方面，从一开始就下了很大功夫。1999年10月，华为第一个代理商级授权培训中心在北京成立，同期开展面向特约代理商和最终用户的培训工作。

不让直销进渠道

华为做直销起家，市场上拼杀的销售人员都身手不凡。在华为的销售渠道尚未建立之际，华为发挥直销的优势，对高端数据通信产品，如ATM和接入服务器，通过华为原有的直销渠道进行销售，并且通过这种方式逐渐树立自己的品牌。但在渠道体系起来之后，华为就严格地再从直销方式转向渠道销售。当时，还有一些销售人员出于习惯，总是忍不住自己去签单。华为明确提出：决不能让直销进渠道，一定要保证分销商的利益，谈客户可以，但签单一定要让分销商去。

在建立渠道的同时，华为以提高整体产品质量等措施来吸引最终用户接受华为的产品，通过最终用户对华为品牌的认可来争取集成商和分销商，逐渐打开了分销渠道格局。到1999年10月，经过一年多的努力，华为的渠道建设取得了初步的战果，在全国建立了七大代理销售体系，发展了三十几家代理商，低端产品的分销网络已经建立起来。

华为利用其在全国的33个办事处和35个用户服务中心，以及时供货、提供备件等方面支持当地的分销商和代理商。

在华为脚踏实地的努力之下，华为产品开始获得市场的认同。这时，国内知名的几家总代理开始与华为洽谈合作。

引入大分销商——渠道变革

春节刚过，华为正式宣布了2001年网络产品渠道政策。在分销线上，引入大分销商既高级分销商，港湾网络、和光两家IT知名分销商首次加盟华为，并将全面负责华为所有网络产品在全国的销售及渠道建设。行业线上，保留高级认证代理商和一级代理商，分别负责面向区域行业项目和全国性行业大客户的销售。华为花了大量心血建立起来的渠道，这时已经非常成规模了，而且运作得很有效率。为什么要再动干戈，进行这样一次大规模的调整呢？难道就是因为港湾网络、和光两大分销商愿意加盟吗？是不是华为就为了摘掉自己头上的总经销的大帽子？想摘这顶帽子，去年就能摘了，为什么要等到这个时候？

在渠道策略发布会上，华为企业网事业部总监路新谈到了华为在渠道乃至整个企业网络方面的发展思路。任何市场在发展到一定阶段之后都一定要细分，华为认识到一个企业要成为自己领域内的领导者就必须在核心价值上超前于其他竞争者，也就是通常所说的“形成核心竞争力”的问题。这就要求企业将自己的全部精力投入提升核心价值中，否则战线拉得太长，必定会将自己拖垮。其实专注于自己的核心价值，是任何场上都早晚要面临的转变，当然这是需要内外部条件都发展到一定阶段才能实现的。例如，市场向成熟期转变、核心价值应经形成并得到认可等。从厂商到消费者，从研发生产到销售服务，在整个供求价值链上，华为的核心价值就在于多年专注于网络的技术沉淀及人才积累。但光有产品是不行的，必须卖出去才能形成市场，分销商及SI、ISV等的核心价值就是对市场的准确把握和强大的客户资源，这也是产品销售的关键。华为希望借助他们的力量将自己的产品及服务带给更多的用户。现在，企业网用户面临一天比一天严峻的市场竞争，当成本在一定水平之下时，他们对效率更为重视。而通过与分销商的深入合作，华为可以提高整个渠道成员的技术实力，可以满足不同用户不同技术深度、不同反应速度的需求，同时，分销商的介入也可以有助于实现更具针对性的服务，从而使客户获得最高效率的贴近服务，大大提高服务的效率。

摒弃“渠道扁平化”

前段时间热点之一的“渠道扁平化”概念，其实不论对与华为还是用户来说，渠道都是一把双刃剑，相对立的两个方面分别是成本和效率，服务正是集中体现效率的地方。扁平化无疑是对成本的单一追求，但现在，用户同样面临一天比一天严峻的市场竞争，当成本在一定水平之下时，他们对效率更为重视，要找到成本与效率的最佳组合。在这种情况之下，华为摒弃了“渠道扁平化”的流行概念，放弃了对成本的单一追求。新的渠道构成也是在扁平化和立体化之间找一个结合点。立体化的服务体系既可以满足用户不同技术深度、不同反应速度的需求，同时也与分销体系有许多共同点，换句话说就是，正是由于服务不能扁平化，才需要渠道去支持针对性服务的实现。华为的网络产品渠道调整就是希望能在扁平化与立体化之间找到一个平衡点，在成本与效率之间占据最佳结合点，建立富有弹性的多样化渠道体系。

引入大分销，借此进一步简化渠道管理、改善物流，使坚持技术导向的华为更专注于企业核心竞争力的提高和核心技术的创新，而加强与各级代理商和合作，更好地提高对金融、公安、财政等行业用户和中小企业的产品供应和服务质量。我们不难看到，华为网络产品的此次渠道变革乃是华为基于对整个用户的需求变化和竞争格局的变化这两大关键要素。

在“2001年阳光行动”中，华为推出的主题就是合作。在华为看来，这是一个合作的年代，每一个社会单元都有其核心价值，渠道中也是如此。厂商的价值在于产品、技术的供应上；经销商的价值在于产品流通和客户需求采集上；系统集成商的价值在于方案集成和客户个性化需求满足上；独立软件开发商的价值在于对方案的丰富和业务外包的承接者；还有服务供应商的价值在于本地服务的供应上。这些价值，对于客户而言，没有孰重孰轻，都是相当重要的。只有把这些价值有机地合成在一起才能给客户带来最完善的服务。厂商由于是价值产生的源泉，它负责把这些力量集合起来，这只是责任，而不是权力。而且合作过程就是价值实现的过程，每个角色在价值交接的时候是互相影响的，没有谁控制谁的可能。如果真出现了短的木头，那么价值将在传递中流失很多，对于客户是个损失。“以客户为中心”的理念不光在产品设计上，还被华为体现在了渠道建设上。

今天，华为的渠道建设已经调整到位，但华为没有就此止步。华为在与经销商的合作中，保持合作的动态性，保持开放姿态，保持学习姿态，促使渠道中的各个角色根据产品特点和客户需求的变化，选择最佳的合作链来实现产品的传递，目的是给客户带来最恰当的产品和服务。在渠道建设中，华为更长远的目标是促进整个团队文化上的融合与渗透，从而带来合作上的长久。

营销忠告：华为从创立之初就明确了以技术为先导的发展道路，在数据通信领域，其核心价值也专注在网络技术的高投入和人才的积累。但是，光有好的产品还不行，产品怎样才能顺利到达用户手中，用户的各种需求又怎样能及时反馈到厂商，如何建立这样一个良性循环机制，才是渠道建设中的首要问题。

随着网络产品的进一步发展，传统渠道战略必将经历一个变革的时代，那些根据新变化及时调整，并在新的定位下实现自己价值的厂商才能演绎出一部新渠道传奇。从技术、产品的研究开发和解决方案的提供，到渠道策略的调整，华为在网络产品领域一直都走在不断创新发展的进程中。在一个多变的环境里，只有善于改变、能抢在市场变化前面的人才能赢得发展先机——这也就是华为的成功之道。所谓变为先、先为胜，华为的新渠道构架启动于先，适合数据通信产品这样的技术复杂的市场领域，具备发展的战略眼光。

※ 以渠道利益为重

几年前，一位朋友带华为终端公司荣耀事业部总裁赵明到一家德国酒馆，他们品尝了德国著名的猪肘和黑啤。吃完后，朋友告诉他，他坐的位子是当初拿破仑坐过的，他也曾在这里吃饭。

这让赵明非常吃惊，这家不起眼的酒馆居然有380年历史！“如果让热衷互联网思维的人来经营，这家酒馆早该通过众筹、上市等方式改头换面了。”

赵明认为，380年后，这家小酒馆依旧坐落在城市一角，也未必不是一种成功，因为它坚守住了经营的核心、产品的本质。

华为成立于1987年，2006年进入世界500强，成为世界500强只用了20年时间。华为看起来还很年轻，但在中国企业中已算是中老年人。

华为是一家不折不扣的技术公司。商业模式是典型的“技术—产品—贸易”传统模式，在前20年时光里，华为始终站在运营商的身后，不为世人所知。

电信设备制造是传统行业，但其行业属性又离互联网和消费者很近。在互联网渗透改造传统行业的大背景下，华为要完成互联网化转型和升级，离消费者最近的手机业务是最合适的阶梯。

2009年后，移动互联网时代到来，华为敏锐地捕捉到这一变化，在移动智能终端上展开布局。在非智能手机时代，华为积累了白牌低端手机的研发制造经验，这为其后期发力中高端手机市场打下了坚实的技术和市场基础。

几年来，华为的手机业务从低端到中端再到高端，一路进阶，缩短着与三星、苹果的差距。而华为品牌也从幕后走到台前，为普通消费者所耳熟能详。

一位国产手机厂商高层人士向《财经》记者表示，华为荣耀是借鉴小米互联网手机模式最成功的手机，他认为，华为手机已经基本完成了互联网转型。

但在此前的一个内部会议上，任正非强调，华为今天是一个硬件公司，未来也还会是硬件为主。“转型太快，华为未必能承担得了。”

站在互联网边上，华为如何既借力互联网思维，又最大化保持自我，值得业界借鉴和思考。

立足平台还是立足硬件

华为在2008年下半年成立互联网业务部，直属于华为软件部。2010年冬，华为启动云计算战略，并根据客户的类型，将整个公司分成了运营商BG（Buessiness Group）、企业BG和消费者BG三大业务集团。

华为的三大BG都相当于事业部，拥有完整的市场、销售和研发体系。每个BG中会有很多条产品线，而互联网业务部与终端事业部都被归入了消费者BG。这也是华为的业务模式从此前完全的B2B模式延展到B2C领域的开始。

与此同时，竞争对手却朝着相反的方向发展，爱立信、阿尔卡特、摩托罗拉、西门子都卖掉了手机业务。

华为对消费者BG的重视度经历了一个日渐升级的过程。而在消费者BG内部，如何抓住移动互联网的消费大潮，也经历过巨大的路线分歧。具体而言，就是平台模式和硬件模式之争。

随着华为终端业务的迅速发展，加上云计算战略的启动，华为的互联网业务开始出现新机会。

在华为前互联网业务部 CEO 朱波的主持下，华为互联网业务部开发了多款 APP，如华为网盘、天天聊、天天浏览器、天天影音、华为输入法等。截至 2011 年底，华为网盘已经发展到了 2000 多万用户，成为国内第二大网盘，天天浏览器也已经有了 400 万的用户。

朱波希望以华为的互联网业务部为基础，在华为内部再造一个互联网公司，并逐步整合华为的终端和云业务。

而时任华为终端事业部 CEO 的余承东则希望互联网业务部能帮助终端事业部做营销推广。例如，此前早已形成规模的华为终端论坛，就是一个现成的网络营销阵地。但华为终端论坛属于朱波旗下的互联网事业部，与终端事业部始终未能有效协同。后来，余承东新建了“花粉论坛”，用来推广华为终端。

华为的互联网业务部后来遇到诸多难题，朱波在 2012 年底离职，华为最终选择了以终端为主的互联网战略。

在这一战略之下，华为把散落在公司各部门的力量聚合起来，构筑了华为终端业务强大的竞争力。

业绩说明，以终端为核心的互联网路径选择是正确的，也说明：任何公司在制定转型战略时，一定要最大限度地发挥自己的既有优势，这是成功的前提。

荣耀试水

2011 年底，跟随小米的互联网营销策略，华为推出荣耀品牌，主攻互联网市场。

余承东最早意识到，小米用互联网的方式做智能手机，将对传统的手机制造、销售模式造成颠覆性冲击。华为的绝大部分人当时并未看到这个趋势，主流的观点认为，小米所谓的用互联网思维做手机，是营销和作秀，所能到达的也只是一个小众市场。

荣耀在这样的内部环境下出现、成长，其实并不容易。成立之初，荣耀只是消费者BG的电商部门，在战略上没有特殊布局，完全是试水的权宜之计。但荣耀却从研发、运营、交易和服务模式上颠覆了传统架构。

华为荣耀副总裁苏杰曾调侃，华为内部B2B文化根深蒂固，“过去一款手机，高层领导说不喜欢，要求改，一点办法都没有。”但在荣耀，如果某个设计“花粉”喜欢，那么就有一个说服领导的依据：消费品还是要听消费者的。

这大大提升了改进效率，也提升了荣耀的行动自由度和市场裁量权。

华为消费者BG总裁余承东告诉《财经》记者，为了改造华为管理层和关键岗位员工的“工程师脑袋”，华为每年都安排这些人站店两天，当促销员卖手机，了解消费者的需求和喜好，结束后写总结报告，促使他们转变为“消费者脑袋”。他说，这项活动已经持续了三年。

传统上，手机从生产到卖出的流程中，渠道商最为强势。在电商渠道成为主流之前，手机终端核心渠道分为运营商定制渠道和公开市场渠道。运营商和核心的线下经销商对手机的款式、定价和交易有着绝对主导权。

此前，要想让一款新手机卖得好，手机厂商不仅要在款式和功能上有区隔，在价位上也要有清晰的区隔，否则运营商和代理商进货热情不高，容易导致新手机流产。

不仅如此，手机厂商在新款手机的价格设置上也得以渠道利益为重。在出厂价的基础上，要考虑每一个层级的分销商、零售商的利润需求，在此基础上依次累加。

这种定价模型不仅令手机售价远高于出厂价，还会因为投放在不同渠道而产生不同的价格。一款相同的手机，由于代理商和分销商不同，价格也会不同。

荣耀的定价体系学习了小米——以自有电商渠道和公开电商渠道为主渠道，挤压渠道成本，将价格做到最低。这种方式将手机终端的价格降低了30%。由于出货量大增，这也改变了传统渠道商的思维，转而愿意用更低的返点获取更快的货品流通，加快周转。

这种方式直接倒挂了传统的手机利益链，主动权从渠道商转移到了手机厂商，获益者也从渠道商变成了手机用户。

华为发布的2014年业绩数据显示，华为2014年消费者BG销售收入超过122亿美元，同比增长约30%。全年智能手机发货超7500万部，同比增幅大于40%，保持全球第三的地位。

其中，荣耀业务的销售额已经从2013年的1.09亿美元增长至2014年的24亿美元，增幅超过20倍。荣耀品牌手机的发货量已经突破2000万部，其中电商平台销售的手机占比超过70%。

这一成绩出乎华为内部意料。小米用三年的时间做到2000万部出货量时，华为上下都觉得是一个奇迹，没想到三年之后荣耀也做到了。

但荣耀不只是模仿，它身上还聚集了华为的技术优势。多位接受《财经》记者采访的终端行业人士认为，华为手机的高速成长，受益于商业模式的转型，但更受益于其在手机硬软件本身做的持续努力。

面对设计、软件等薄弱环节，华为选择了开放，借助外力。巴黎是世界时尚之都，它的美学设计是全世界最好的；日本在小型化设计和质量控制方面能力最强；俄罗斯在数学领域有着独到优势。所以，在开发智能手机时，华为走的是整合全球顶级资源共同开发之路。

华为无线网络业务LTE产品线总裁王军告诉《财经》记者，有一次在日本横滨研究所出差，在吸烟室同一位其貌不扬的老人交谈之后，他发现此人竟是日本理光公司摄像头研发领域的专家，但现在为华为工作。

在软件方面，华为和大部分手机厂商一样，也选择了开放平台之路。华为软件平台开放了账号、智能家居、运动健康等多个模块给合作伙伴，事实证明，这条道路也是手机终端厂商圈地未来智能硬件的必经之路。

小米是一家成立只有五年的新公司，在飞速膨胀的过程中，小米将重心放在了产业链的后端，即营销和服务。华为的传统优势在前端的芯片和集成，但通过荣耀，华为很大程度上弥补了营销和服务的短板，而荣耀也因此在华为稳固了自己的位置。

新一轮方向调整

在小米模式被广泛复制的行业背景之下，华为手机已开始新的方向矫正。华为认识到，小米模式虽然有效解决了用户体验和销量问题，但无法实现苹果、三星那样的利润率。

工信部发布的数据显示，2014年中国手机行业平均利润率为3.2%，低于电子制造业平均水平1.7个百分点。调查机构Gartner的统计数据显示，2014 年，苹果包揽了整个行业 90%利润。

任正非在去年 4 月的一个内部讲话中强调了这个矛盾："销售额是为了实现利润需要的，不是奋斗的目标。终端没有黏性，量大而质不优，口口相传反而会跌下来。不要着急，慢慢来，别让互联网引起你们发烧。"

在任正非眼里，不能带来利润的转型就不是成功的转型。华为 2014 年财报显示，华为超过 66%的收入依然来自运营商市场，利润占比估计更高（华为未公开利润数据）。

今年初，华为内部传出消息，华为终端中国区和荣耀中国区将进行架构整合。成立新终端平台。华为终端的一位人士告诉《财经》记者，这一调整是为了规范定位，荣耀品牌定位中低端，华为品牌进击高端，这对两者都有利。

曾有业内人士建议华为跟进小米的生态战略。雷军在小说、阅读、办公软件、游戏平台等都有很多并购或联合，这种模式类似腾讯，以社交软件为中心，布局广阔的内容产品。上述人士认为，华为也应该尽早布局，抢占先机。

但任正非不打算这么做。和小米模式不同，任正非希望华为手机继续集中力量在自己的优势领域，扩大领先优势，获取利润溢价。

关于华为手机的方向，任正非说得很明确：手机的三大功能，通信、图像和操作系统，通信是华为的大本营，做不好是没有理由的；图像是目前谁都做不好的，华为有希望突破；操作系统华为不可能做到全球最好，所以坚决不做，搭微软、安卓的便车就好。

任正非还希望抓住物联网和智能硬件的机会窗口，把物联网芯片做到世界领先。“价格尽量卖低，但要盈利。”

任正非认为,华为今天还是一个硬件公司,未来也还会是硬件为主。

本质而言，华为依然是一家通信公司。华为有三大业务：消费者业务、运营商网络、企业业务，即“端管云”。按照华为的战略规划，所有业务都通过管道进行整合和发展，以端为入口，云为平台，管道为整合通道，通过业务组合提高价值驱动力。

从去年开始，华为面向高端智能手机用户推出“天际通”全球数据服务业务。华为手机用户可以享受全球免费 WiFi 热点，以 28 元 / 天不限流量的价格享受移动数据服务。这可被视为华为端管云战略初步整合的一个雏形。

中移动的一位技术专家向《财经》记者表示，在国内终端厂商中，只有具备全球运营商服务资源的华为和中兴有能力做这样的整合，如果华为将这一业务复制到国内，华为手机就会形成更强的竞争优势。

不过，智能手机的增长已经开始摸顶。一位大型智能手机代工厂高层人士告诉《财经》记者，今年，几大终端厂商都在抑制出货量冲动。他透露，某国内大型手机厂商在 2014 年出货量为 6000 万部，2015 年预估产量只是持平，其他终端厂商情况也不会更好，“整个市场其实是在收缩的”。

在今年早些时候举行的分析师大会上，华为轮值 CEO 徐直军认为，华为的增长空间和挑战都在用户服务。他认为，下一阶段，华为的服务需要做到平台化、在线化和社交化，服务的周期应该扩展至全生命周期，服务的模式也要转为自主服务模式。

为了做好服务，这家硬件公司以服务周期为第一个切入口，希望打造“5公里线下服务半径”和“全覆盖的多渠道线上服务平台”，以期打通包括产品咨询、产品体验、发货进度、使用指导、性能提升、维修等在内的全生命周期服务，实现线上线下多渠道协同。

但平台化、在线化和社交化的服务模式转型不仅针对消费者BG，华为的三大业务在战略层面还需要进一步整合。如果只在消费者BG实现从产品思维到用户思维的转变，但无法与企业BG和运营商BG实现战略联动，华为将依然是一家产品导向的传统公司。

营销忠告：渠道的问题其实就是利益均衡的问题。华为对于分销商的利益保护做得非常到位，宁亏自己不亏盟军，这样等春天到来，同盟军就可以生龙活虎去抢单，华为的市场便能缓过劲来。

第4章　细分市场战略

市场细分策略是指通过将一个多样化的市场划分为不同的、小规模的细分市场，具有相似特征的顾客群被归类于同一细分市场的方式进行市场分析，从而清晰的识别出不同的细分市场，并在此基础上对环境、竞争形势和自身资源分析，真正明确企业的优势和机会所在，选择对其发展最为有利的市场。市场细分策略是STP市场营销战略的核心组成部分，STP市场营销战略包括市场细分（Market Segmentation），目标市场选择（Target Market Selection）和市场定位（Market Positioning）。其中市场细分是战略营销活动的基础，也是营销战略成败的关键所在。

※ 找对你的顾客

市场细分标准

所谓市场细分，就是企业的管理层按照细分变数，即影响市场上购买者的欲望和需要、购买习惯和行为诸因素，把整个市场细分为若干需要不同的产品和市场营销组合的市场部分或亚市场，其中任何一个市场部分或亚市场都是一个有相似的欲望和需要的购买者群，都可能被选为企业的目标市场。

市场细分不等于产品分类，市场细分一定要从顾客的特点出发，目光要先盯着顾客，再来看自己的产品，要想进行有效的市场细分，首先应该分析消费者需求的影响因素。

市场细分的方法多种多样，华为认为，企业细分市场不能仅靠一种方式，营销人员必须尝试各种不同的细分变量或变量组合，以便找出分析市场结构的最佳方法，根据影响消费者需求的因素，华为主要分析了以下几种细分标准：

1. 地理细分

地理细分是指企业按照消费者所处的地理位置来细分市场，然后选择一个或几个市场部分作为目标市场。地理细分主要包括地区、城镇、气候条件和人口密度。

2. 人口细分

人口是构成消费品市场的基本要素之一，因而它是市场细分常用的和最重要的标准。人口细分主要从年龄、性别和收入三方面进行。

华为认为，为了更有效地估计目标市场的规模和做好进入目标市场的准备，企业必须要了解目标消费者的人口特征。

（1）年龄。购买者对产品的需求和购买能力常因年龄而有所不同，因此年龄常常是一个重要的市场细分化变数。

虽然用年龄区分人口特征，进而进入目标市场的做法有很大的作用，但华为仍然提醒企业采用这种方法时必须当心落入俗套，因为同样是 70 岁的老人，有的坐在轮椅上，有的却是活跃在运动场上。

（2）性别。男女在购买动机和行为上常有很大的差异，因此性别也是很重要的细分变数。

（3）收入。对汽车、住宅、服饰、化妆品、旅游等产品和服务而言，收入一直是一个重要的市场细分化变量。以汽车而言，有针对高收入家庭设计的奔驰、凯迪拉克，也有针对一般中上家庭的神龙富康、赛欧等。

3. 心理细分

根据购买者所处的社会阶层、生活方式、个性特点等心理因素细分市场就叫心理细分。

（1）社会阶层。社会阶层是指在某一社会中具有相对同质性和持久性的群体。处于同一阶层的成员具有类似的价值观、兴趣爱好和行为方式，不同阶层的成员则在上述方面存在较大的差异。很显然，识别不同社会阶层的消费者所具有的不同特点，对于很多产品的市场细分将提供重要的依据。

（2）生活方式。通俗地讲，生活方式是指一个人怎样生活。人们追求的生活方式各不相同。有的追求新潮时髦；有的追求恬静、简朴；

有的追求刺激、冒险；有的追求稳定、安逸。

（3）个性。个性是指一个人比较稳定的心理倾向与心理特征，它会导致一个人对其所处环境作出相对一致和持续不断的反应。俗语说："人心不同，各如其面。"每个人的个性都会有所不同。通常，个性会通过自信、自主、支配、顺从、保守、适应等性格特征表现出来。因此，个性可以按这些性格特征进行分类，从而为企业细分市场提供依据。在西方国家，对诸如化妆品、香烟、啤酒、保险之类的产品，有些企业以个性特征为基础进行市场细分并取得了成功。

4. 行为细分

行为因素是细分市场的重要标准，特别是在商品经济发达阶段和广大消费者的收入水平提高的条件下，这一细分标准越来越显示其重要地位。不过，这一标准比其他标准要复杂得多，而且也难掌握。

（1）购买习惯。即使在地理环境、人口状态等条件相同的情况下，由于购买习惯不同，仍可以细分出不同的消费群体。如购买时间习惯标准，就是根据消费者产生需要购买或使用产品的时间来细分市场的。

（2）寻找利益。消费者购买商品所要寻找的利益往往是各有侧重的，据此可以对同一市场进行细分。一般地说，运用利益细分法。首先，必须了解消费者购买某种产品所寻找的主要利益是什么；其次，要了解寻求某种利益的消费者是哪些人；最后，要调查市场上的竞争品牌各适合哪些利益，以及哪些利益还没有得到满足。通过上述分析，企业能更明确市场竞争格局，挖掘新的市场机会。

（3）产品使用者。使用者可以区分为使用者、非使用者、初次使用者、超前使用者、潜在使用者、偶尔使用者、固定使用者。对于这些使用者类别，必须采用不同的销售和沟通方法。

（4）使用量。在许多市场，较低比例的消费者代表着全部销量中的较大比例。通常，大约 20%的使用者占了 80%的消费量。在很多情况下，区分重度使用者、轻度以及非使用者是非常有用的。对重度使用者，或者说关键贡献者，需给予特殊的对待。

（5）忠诚程度。对于现有的消费者，可以区分为绝对忠诚、轻度忠诚和品牌转换者。香烟、啤酒以及牙膏通常是品牌忠诚市场。保持忠诚用户是关系营销的目标。可开发的营销策略是吸引竞争者的用户或增加转换者的品牌忠诚。

5. 偏好细分

偏好细分就是根据市场反应，寻找营销与产品的结合点，主要分为以下几种类型。

（1）同质偏好。市场上购买者的偏好大致相同就组成了同质偏好。该市场表示无“自然分市场”，至少对这两种属性而言是如此。可以预见，存在的品牌具有相近的属性，产品定位一般都在偏好的中心。在这种情况下，销售者必须同时重视式样和质量两种属性。

（2）扩散偏好。华为指出在另一个极端，购买者的偏好可能在空间平均分散，而无任何集中现象，这表示购买者对产品的偏好有所不同，这就是扩散偏好。也就是说，他们对皮鞋的式样和质量两种属性各有程度不同的喜爱和要求。这时销售者可以有两种选择：一种是兼顾两种属性。假如市场上有个品牌，它的属性很可能位于中心，以便迎合最多的购买者，使总体购买者的不满足感减小到最低限度。如果有新的竞争者进入市场，很可能由于产品的属性与第一种品牌相同而导致一场市场占有率之争。另一种选择是侧重于某一属性的偏好，即将产品的属性定位于某些角落，以吸引那些对属性位于中心的品牌不满的购买者群。譬如，皮鞋侧重于式样或者质量，从而把重视这一属性偏好的购买者吸引过来。如果市场上有好几个品牌竞争，那么很可能由于迎合一部分购买者的不同偏好而分散定位在各个不同空间。

（3）群组偏好。市场上不同偏好的购买者会形成一些集群。譬如，有的购买者偏重于式样，有的购买者偏重于质量，各自形成几个集群，称为“自然分市场”。进入市场的第一个企业有 3 种选择：

①定位于期望吸引所有群组的中心 (无差别市场营销)。

②定位于最大的分市场 (集中市场营销)。

③同时发展几个品牌，每个品牌分别定位于不同的分市场 (差别市场营销)。

很显然，如果只发展一种品牌，竞争者必将介入，并将在其他分市场引进许多品牌。

评估细分市场

华为指出，企业在评估不同的细分市场时，必须考虑潜在的细分市场对公司是否有吸引力，这就要求企业综合考虑三方面的因素：细分市场的规模和增长程度、细分市场结构的吸引力以及企业的目标和资源。

1. 细分市场的规模和增长程度

首先要评估细分市场是否有适当规模和增长潜力。所谓适当规模是相对于企业的规模与实力而言的。较小的市场对于大企业，不值得涉足，而较大的市场对于小企业又缺乏足够的资源来进入，并且小企业在大市场上也无力与大企业竞争。市场增长潜力的大小，关系到企业销售和利润的增长；但有发展潜力的市场也常常是竞争者激烈争夺的目标，这又减少了他的获利机会。

2. 细分市场结构的吸引力

是否具有吸引力最终取决于观察者的眼光。吸引一家大型跨国公司的事物，不一定会吸引一个资本有限的地方性公司，但这两者都在寻找赢利超过平均水平、成长前景看好的细分市场。市场吸引力取决于他们比对手更好地利用这些特性的能力。

华为提醒，企业必须查明影响细分市场长期吸引力的几个因素，即一个细分市场中竞争对手的强弱、潜伏产品是否会限制细分市场中的价格和利润，消费者的购买力以及细分市场中是否存在很强的供应商等。

每一细分市场的成长前景取决于未被利用的机会。即使是成熟的市场也可能存在着非常重要且未被人注意的增长潜力。一家公司在看起来死气沉沉的运动鞋市场上，通过以更优秀的加工和更诱人的式样满足顾客还未得到满足的需要，从一无所有发展到年收入达 4 亿美元。而市场中的其他厂商都忽略了这些信号，或者因为他们已经很满足了，或者因为他们已被其他问题所困扰。但是，能揭示出细分市场的增长率的信息很少，因而需要进行认真的市场研究。

3. 评估企业的目标和资源

企业实力雄厚、管理水平较高，可考虑采用差异性或无差异性营销策略；资源有限，无力顾及整体市场或几个细分市场的企业，则宜于选择集中性营销策略。

在考虑了这3个因素之后，企业对细分市场的评估才是有效的，最终才能选择出最有潜力的目标市场。

市场细分模式

通过对不同的细分市场进行评估，公司会发现一个或几个值得进入的细分市场。公司必须决定要进入哪几个细分市场。企业要进入的市场就是通常所说的目标市场。华为指出企业在对不同的细分市场评估后，可考虑5种目标市场模式。

1. 密集单一市场

最简单的目标市场模式是公司选择一个细分市场集中营销。公司可能本来就具备了在该细分市场获胜必需的条件；它可能资金有限，只能在一个细分市场经营；这个细分市场中可能没有竞争对手；这个细分市场可能会成为促进细分市场继续发展的开始。

公司通过密集营销，更加了解本细分市场的需要，并树立特别的声誉，因此便可在该细分市场建立巩固的市场地位。另外，公司通过生产、销售和促销的专业化分工，也获得了许多经济效益。如果细分市场选择得当，公司的投资便可获得很高的回报。

但是，华为提醒，密集市场营销较之于一般情况风险更大。个别细分市场可能出现一蹶不振的情况。或者某个竞争者决定进入同一个细分市场。因此，华为建议企业应设法在超级细分市场中营销，而不是在孤立的细分市场中经营。所谓的超级细分市场是指一级有相同开发价值的细分市场。

2. 有选择的专门化

公司采用此法选择若干个细分市场，其中每个细分市场在客观上都有吸引力，并且符合公司的目标和资源。但在各细分市场之间很少有或者根本没有任何联系，然而每个细分市场都有可能赢利。这种多细分市场覆盖优于单细分市场覆盖，因为这样可以分散公司的风险，即使某个细分市场失去吸引力，公司仍可继续在其他细分市场赢利。

3. 产品专门化

公司用此法集中生产一种产品，并向各类顾客销售这种产品。例如，显微镜生产商向大学实验室、政府实验室和工商企业实验室销售显微镜。公司准备向不同的顾客群体销售不同种类的显微镜，而不去生产实验室可能需要的其他仪器。公司通过这种策略，在某个产品方面树立起很高的声誉。如果产品——这里是指显微镜，被一种全新的显微技术代替，就会发生滑坡的危险。

4. 市场专门化

市场专门化是指公司专门为满足某个顾客群体的各种需要服务。例如，公司可为大学实验室提供一系列产品，包括显微镜、示波器、本生灯、化学烧瓶等。公司专门为这个顾客群体服务，而获得良好的声誉，并成为这个顾客群体所需各种新产品的销售代理商。如果这个顾客群体——这里是指大学实验室，突然发现经费预算已经削减，它们就会减少从这个市场专门化公司购买仪器的数量，这就会产生滑坡的危险。

5. 完全市场覆盖

完全市场覆盖是指公司想用各种产品满足各种顾客群体的需求。只有大公司才能采用完全市场覆盖策略，例如，国际商用机器公司（计算机市场），通用汽车公司（汽车市场）和可口可乐公司（饮料市场）。

大公司可用两种主要的方法，即通过无差异市场营销或差异市场营销，达到覆盖整个市场。

营销经典："把客户震撼，把合同给我"

据业内人士透露，华为的财务费用、营销费用和基本的管理费用都相当高。拿华为与中兴通讯对比：华为员工的平均月薪比中兴高出2000元。华为的销售人员出差，每天每人补贴标准是500元，中兴只有230元。同样在北京出差，华为鼓励销售人员住北京饭店，而中兴的销售人员住的是核工业招待所。华为的营销费用更是惊人，同业传闻，华为人员为了达到销售目标，"灰色支出"骇人听闻。华为在各地的研发中心租用的写字楼都是五星级的。例如，上海研究所租用了金茂大厦(主要负责WCDMA的研发)和信息大厦(主要负责GSM的研发)。金茂大厦2002年上半年的租金和硬件设施加起来花费就达5000多万元，信息大厦租价更高。深圳驻地的封闭式研发中心在深南大道旁的汉唐大厦4～20层，租价同样不菲。而中兴租用的办公楼都是小公寓、不显眼的写字楼。高速发展的时候，这种以高投入博取高回报的做法还没有什么危险，速度慢下来后，矛盾和问题就显露出来了，单位成本就会高于对手，优势开始丧失。因此，2002年华为开始在内部推行低成本运作。

上海华为修建了一个美国AMBOY公司设计的研究所基地，里面有一条走廊，有22米宽，35米高，650米长，可以起降五台直升机，在房子里面进行飞行表演。市场部说：五年以后要把客户吓一跳，把他们震撼住，把合同给我们。

2000年北京国际通信展，被上海贝尔某市场人员称为上海贝尔的"奇耻大辱"："不得不承认，在展会上，华为无论是展台规模、展示内容、人员素质、观众评价方面都远远胜过上海贝尔。华为展台门庭若市，而上海贝尔展台车马稀落，足以说明用户和专业人士的向背。甚至，在展台高度这样貌似微不足道的方面华为也似乎费尽心思——笔者一登上上海贝尔展台的二楼接待室，便发觉比相邻的华为展台二楼低矮许多。看到华为员工及其邀请的用户以一种居高临下的姿态打量上海贝尔的展台，笔者内心十分愤慨！也许是笔者过于敏感，但是，高手过招，任何细微的心理优势也许都是制胜的关键。真不敢想象，如果展台高度的差异也是华为刻意所为，那么，华为就委实太阴毒了！"

在市场上不计成本的投入，相当程度上削弱了华为的利润率。但是，正如《华为基本法》对利润目标的表述："我们将按照我们的事业可持续成长的要求，设立每个时期的合理利润率和利润目标，而不是单纯追求利润的最大化。"

价格进攻——击杀对手

和其他企业一样，价格战是华为在市场攻伐中经常采用的利器。不同之处在于，华为的价格战的目的在于销售之外：击败对手，而非拉拢客户。有同行称之为"恶性价格战"。

在什么情况下打价格战？华为的原则是：产品、客户关系、品牌与对手无明显差异，但市场能力弱于对方；降低竞争对手利润，扼杀新进入者；技术上有重大创新，以自我淘汰方式强迫产业进步。有人总结，华为的价格战分为"守势"和"攻势"两种形式。在自己已经占领的市场中，采取"守势"：以守为攻，把市场封闭起来，让对手针插不进，水泼不进。策略主要是：主动发现并弥补市场缝隙；主动否定自己以提高用户满意度，阻止新竞争者进入；利用产品组合优势封杀对手的进攻机会；主动让利降价，不在价格上给对手以可乘之机；同时在客户关系和服务上主动防守。在对手的地盘，华为立刻变为猛烈的进攻，千方百计发动价格战，不择手段打击对手的利润和销售目标，阻挠其市场进展，逐步挤占空间，最后取而代之。

1995年，当C&C08机开始驱逐NEC、富士通时，华为就把上海贝尔列为主要竞争对手。然而，由于C&C08机本身的缺陷，以及S1240早已建立的牢不可破的市场优势，华为始终无法直接在程控交换机市场战胜上海贝尔。华为采取了避实就虚的策略——攻占农村市场以及东北、西北、西南的落后省市。在这些市场上，华为利用来自通信电源销售的丰厚盈利对C&C08机的销售进行补贴，以低价策略挑起程控交换机市场的恶性降价竞争。华为的用意非常明确：一方面限制上海贝尔进入农话市场，另一方面挤压其利润空间。1999年华为进入四川时，上海贝尔在四川的市场份额是90%。刚开始，华为主动将自己的接入网免费给客户使用，借此在四川各本地网都布上了点。而对手忽略了华为的这个小动作。随后，华为又将接入网的新增点抢了过来，逐渐把点连成了面。网上运行的华为设备数量有了突破性进展后，华为又伺机将接入网的优势顺理成章地延伸到了交换机，最后将华为的交换机变成和上海贝尔交换机并存的第二种制式，跻身主流机型。现在，华为已占四川新增市场70%的份额。

营销忠告：市场细分不等于产品分类，市场细分一定要从顾客的特点出发，目光要先盯着顾客，再来看自己的产品，要想进行有效的市场细分，首先应该分析消费者需求的影响因素。

※ 选择市场覆盖战略

无差异市场营销

这是指企业在市场细分之后，不考虑各子市场的特性，而只注重子市场的共性，决定只推出单一产品，运用单一的市场营销组合，力求在一定程度上满足尽可能多的顾客的需求。

实行无差异市场营销战略的优点在于：

（1）有效地适用于广泛需求的品种、规格，款式简单并能够标准化的大量生产、大量分销的产品。因而，它可凭借广泛的分销渠道和大规模的广告宣传，往往能够在消费者或用户心目中建立起"超级产品"高大而不可摧的形象。美国可口可乐公司早期就以单一口味的品种、单一标准的瓶装和统一的广告宣传向所有的消费者进行强化生产的销售。这已成了无差异市场营销战略的典型例证。

（2）大大降低成本费用。这是无差异营销战略的最大优点。首先，标准化和大批量生产可降低生产成本、储存成本、运输成本。其次，无差异市场营销的广告等促销活动可缩减促销费用。最后，它不必对各子市场进行市场营销研究和计划工作，又可以降低市场营销研究和产品管理成本。这种战略可充分发挥经验曲线的作用，即当产品生产量和销售量成倍增长时，其成本可下降 20% ~ 30%。

（3）简单易行，便于管理。单一的市场营销组合便于企业统一计划、组织、实施和监督等管理活动，减少管理的复杂性，易于操作。

虽然，无差异市场营销有上述优点，但对于大多数产品，无差异市场营销策略并不一定合适。首先，消费者需求客观上千差万别并不断变化，一种产品长期为所有消费者和用户所接受非常罕见。其次，当众多企业如法炮制，都采用这一策略时，会造成市场竞争异常激烈，同时在一些小的细分市场上消费者的需求得不到满足，这对企业和消费者都是不利的。最后，易于受到竞争企业的攻击。当其他企业针对不同细分市场提供更有特色的产品和服务时，采用无差异策略的企业可能会发现自己的市场正在遭到蚕食但又无法有效地予以反击。正由于这些原因，世界上一些曾经长期实行无差异营销策略的大企业最后也被迫改弦更张，转而实行差异性营销策略。被视为实行无差异营销典范的可口可乐公司，面对百事可乐、七喜等企业的强劲攻势，也不得不改变原来的策略，一方面向非可乐饮料市场进军，另一方面针对顾客的不同需求推出多种类型的新可乐。

差异性市场营销

差异性市场营销针对不同细分市场，设计不同服务产品，制定不同的营销策略，满足不同的消费需求。如将某自行车的市场划分为农村市场、城市男青年、城市女青年市场等。

通用汽车公司努力为每个“收入、目标和个性”不同的人生产一种汽车。耐克运动鞋多达十几种，适合人们跑步、击剑、健美、骑自行车和打篮球时穿着。这些企业希望在每个细分市场中通过不同的产品和营销战略来提高消费者对公司及其产品系列的整体认同。企业还有望获得更多的忠诚顾客，因为该企业的产品和营销方式能更好地满足每个细分市场的愿望。

越来越多的公司已开始采用差异性市场营销战略，差异性市场营销往往能带来比无差异性市场营销更大的总销售额。宝洁公司靠 11 种品牌的洗衣粉取得了高于单一品牌的洗衣粉所能取得的市场份额。

差异性市场营销战略的优点在于：

（1）可以通过不同的市场营销组合服务于不同子市场，更好地满足不同顾客群的需求。

（2）企业的产品种类如果同时在几个子市场都具有优势，就会大大增强消费者对企业的信任感，进而提高重复购买率，从而争取到更多的品牌铁杆忠诚消费者。

（3）对企业市场经营风险的分散具有重要意义。

（4）可通过多样化的渠道和多样化的产品线进行销售，通常会有利于扩大企业的销售总额。

不足的是，营销组合策略多样化，可能会影响各种营销组合策略的实际实施效率。差异性市场策略适合一些实力雄厚的大企业。

差异性市场营销能带来比无差异市场营销更大的总销售额，但由于差异性市场营销需要对不同的细分市场采取不同的营销策略，针对不同的细分市场做不同的广告促销，这就导致了营销成本的额外增加，因此，华为提醒企业在决定采用差异化营销时，要先衡量一下销售的增长和成长的增长孰轻孰重。

集中化市场策略

这是企业集中力量推出一种或少数几种产品，采用一种或少数几种市场营销组合手段，对一个或几个市场加以满足的策略。企业采取这种策略，主要着眼于消费者需求的差异性，但企业的重点只放在某一个或少数几个细分市场上。这种策略的优点是有利于企业发挥特长，集中力量为某一市场服务，增强竞争力。同时，实行专业营销可以大大节约营销费用，相对提高市场占有率。不足之处是采取这种策略市场风险大。由于只选择一个或少数几个子市场作为目标市场，如果一旦未选准，或者进入时发生变化，将会给企业带来严重的影响，使企业陷入困境。采取这种策略，企业必须密切关注目标市场的变化，以便作出对策，减少经营风险。这种策略适合于一些资源有限、实力不强、不可能分头出击与大企业相抗衡的小企业。对于一些大企业，初进某个市场也可采用此种策略。

集中市场营销策略在实施过程中遇到的最大问题是潜伏着很大的风险性。因为该策略把企业生存、发展的希望全部集中在一个或几个特定市场上，一旦这一目标市场情况恶变，如顾客需求和偏好发生突变或者出现了更大的强有力的竞争对手，就可使企业陷入毫无回旋余地的困境，甚至会面临全军覆没的危险。正因为此，很多企业宁愿选择好几个子市场作为其目标市场，其目的就在于分散风险。

企业在选择市场覆盖战略时，要考虑到许多因素，华为指出哪种战略最适合企业营销，主要取决于企业资源、产品差异程度、产品生命周期所处的阶段、市场差异程度以及竞争对手的市场营销战略等因素。

超级链接：空隙营销

有学者在市场差异营销的基础上提出了空隙营销的概念。空隙营销人员把市场细分成比差别化营销人员的细分更细、更混杂的区域。他将市场细分再推进一步。可口可乐公司把它的市场细分成四个单独的空隙：经常饮用可口可乐者、把可口可乐当成日常饮料的饮用者、不含咖啡因可乐的饮用者以及常常饮用不含咖啡因可乐的人。这样，位置营销使组织能向有特殊要求和偏好的购买者提供产品（或产品线）。并且“他对营销来说是一种战略性的方法，正在获得商业和工业产品与服务的营销人员的青睐”。

有创造性的商务营销人员可以找出客户在组合营销的各种元素中可能偏爱的许多变量。他们也认识到，试图要满足所有这些变量既无用处，也会因成本太高而被废止。因此，他们在目标市场上观察现有的和潜在的用户以确定市场是否可以被细分成需要企业能够有效提供并从中获得利益的独特空隙（像以前一样——可测量、相关联并且可操作）。

购销双方共同推进了空隙的形成。由于信息革命、新的技术和金融数据能迅速被传播到世界各地。购买者对可供购买的产品知道得更多，而销售者得到空前的大量市场信息，能够识别出新的需要并建立组合营销来加以满足。

总体上说，空隙营销与差别化营销有着许多共同点，但与客户打交道时，空隙营销的规模更小，更加具体，提供的满意度更快，也更全面，空隙营销能帮助企业获得更大的市场份额和更多的利润。

营销忠告：企业在选择市场覆盖战略时，要考虑到许多因素，华为指出哪种战略最适合企业营销，主要取决于企业资源、产品差异程度、产品生命周期所处的阶段、市场差异程度以及竞争对手的市场营销战略等因素。

※ 市场定位方法

市场整体定位

华为给产品定位下了一个定义，即产品定位是消费者根据产品的重要属性定义产品的方法，或者说是相对于其他竞争产品而言，产品在消费者心目中占有的位置。譬如，在洗衣粉市场，汰渍定位为洗涤能力强，去垢彻底；奥克多则定位为有效漂白；单夫特则是婴儿衣物的杰出洗涤剂，并能保护柔嫩的肌肤。

华为认为消费者一般会选择给自己带来最价值的产品和服务，企业应根据自己产品或服务的关键利益进行定位。他介绍了 5 种产品定位的成功价值方案：高质高价、高质同价、同质低价、低质更低价和高质低价。

高质高价指提供最高质量的产品，然后制定更高的价格来弥补生产产品的过程中耗费的生产成本。“同质低价”是生产和竞争对手的产品质量相当但价格更低的产品。“高质同价”则与“同质低价”相反，生产更好的产品制定相当的价格。很多情况下，消费者未必对所有的产品都需要并买得起“最好的”。所以有的时候，“低质更低价”更能满足消费者的需求，“高质低价”当然一定是成功的价值定位，如戴尔电脑公司和宝洁公司都是这么做的。

产品定位并不是一个单一的概念，完整的产品定位包括 3 个部分，即产品的利益定位、价值定位和属性定位，这三者相互依存，互为补充。

1．价值定位

顾客在购买产品时，总是为了实现个人某种价值。价值是由产品和服务功能利益组合实现的，不同的顾客对产品和服务有着不同的利益诉求，而利益是由不同的产品和服务属性实现的。价值确定产品和服务带来的利益，利益确定产品和服务的属性。

虽然在表面上，今天的消费者与昨天的消费者购买的是同一类别的产品，但是购买的内容发生了很大的变化。过去他只购买产品属性和产品利益(例如含氟牙膏或防止蛀牙)，但是在今天他们常常会购买三种东西：产品属性、产品利益和产品价值(例如"做个好妈妈")，而产品价值的差异化成为定位的最重要内容。例如，儿童防蛀牙膏有很多品牌，这些品牌的产品属性和产品利益都是一样的，含氟和防止蛀牙，但是由于佳洁士推出了"好妈妈"这一准确的价值定位，所以取得极大的成功，成为儿童牙膏市场的领导者。

2. 利益定位

价值定位若想取得成功就必须建立在利益定位的基础上。

中华鳖精、马家军一号、生命核能、脑黄金等诸多保健品都有自己的价值定位，诸如让"一亿人聪明起来"，但产品很快就在市场上消失了，其根本原因就在于利益定位的缺失，目标顾客没有感受到这些产品的保健作用。这就如同牙膏没有防蛀功能，你却拼命地叫喊"没有蛀牙，做个好妈妈"的价值诉求，自然不可能成功。

3. 属性定位

产品属性定位很大程度上决定了产品利益定位能否实现。

因此，在研究了顾客或消费者关注和重视的利益之后，还必须具体研究用哪些产品属性来实现这些利益。产品属性是保证产品利益的条件，是生产过程必须考虑的要素，因此在与目标顾客沟通的过程中，常常不必强调产品属性的定位，而是强调产品利益和价值的定位。没有与利益定位相一致的属性定位，产品利益定位无法到位。例如早期色拉油的广告宣传是没有油烟，其实是有油烟的，否则我们就不用购买抽油烟机了，抽油烟机的广告宣传是厨房干干净净，其实抽油烟机抽不了多少油烟，否则我们就不用购买厨房清洗剂了。这些产品的属性都没有实现所承诺的利益。

华为认为，产品属性包括：产品的质量、特色和设计。

产品定位方法

定位是针对竞争的，市场定位必须根据竞争的形势随机应变，企业可采取的市场定位类型主要有两种：回避性定位和冲突性定位。

1. 回避性定位

华为认为在竞争激烈的市场上，一些实力较小的公司根本无法与实力强大的公司抗衡，在这种情况下，小公司若想立足市场，应寻找被大公司遗忘的市场，这就是我们所说的回避性定位。

回避性定位，又称创新式定位。是指企业回避与强大竞争对手的产品竞争，以这种策略对产品进行定位，它要求公司宣传产品时，要针对与竞争对手的产品不同的特点，因此，一般这种定位的产品能在顾客心目中留下特别的印象。

例如德国和日本的汽车制造商，就是采取避开与美国制造商在大型豪华车上争夺市场的定位策略，针对服务大众的小型汽车的空白市场定位成功的例子。石油危机后，美国人对节油的小汽车的喜爱不断升级，由此小型汽车在美国拥有了一个广阔的市场，促使德日两国在美国汽车市场上的营销成功。

2. 冲突性定位

冲突性定位企业选择与竞争者相近或重合的市场位置，争夺同样的顾客。由于这种定位的产品，在其价格、分销及促销各个方面上竞争者区别不大。因此企业要冒很大的风险。

但这种定位可以使企业一开始就与强大对手站在同一高度上，更能激发自己奋发上进，一旦成功，就会获得巨大的市场优势。

例如，1993 年 Alfa Romeo 在强调它的 164S 型号车就像是一辆 BMW，但比 BMW 的 525i 更好操作；美国艾维斯租车 (Avis) 针对最大的租车公司赫兹公司 (Hertz)，提出“老二主义”的定位 (广告强调“当你只是老二时，你更加卖力”)，他们结果都成功地获得了巨大的市场优势。

市场竞争战略定位

华为认为，为了有效地设计和实施最佳的品牌定位战略，公司必须密切注意竞争对手。

目标市场确定后，企业为了击败竞争者、开拓和占领目标市场，取得产品在目标市场上的领导地位和优势，更好地为目标市场服务，还要在目标市场上给本企业产品做出具体的市场定位决策。根据企业在目标市场上所处的地位，我们可把它们分为领导者、挑战者、追随者和补缺者。现在来看 4 种竞争者不同的定位策略。

1. 市场领导者的定位

处于市场领导者地位的企业，往往在行业内有着比较大的市场占有率，在产品价格变动、新产品开发、市场覆盖率的变化中及销售方式的选择等许多方面起着相对支配或者领先的作用。同时，市场领导者企业也面临着众多其他企业的竞争威胁。因此，市场领导者企业必须保持高度警惕，采取适当的竞争定位策略，以维护自己的竞争优势。

（1）扩大市场需求总量。当一种产品的市场需求总量扩大，收益最大的往往是处于领导者地位的企业，所以促进产品总需求量不断增长，扩大整个市场容量，是领导者企业维护竞争优势的积极措施。一般可通过寻求新的消费对象、开辟产品新的用途或刺激原有消费者群体增加使用量等途径来达到。

（2）维护市场占有率。在市场领导者企业面临的竞争对手中，总会有一个或几个实力雄厚者。要防止和抵御其他企业的扩展，维护自己现有的市场占有率，是市场领导者企业守住阵地的有效竞争策略。一般有两种途径：一是进攻措施，即在降低成本、创新产品、增强薄弱环节主动出击。二是防御措施，即根据竞争的实际情况，在企业现有阵地周围建立不同防线，如构筑企业目前的市场和产品的防线，构筑不仅能坚守企业目前的阵地，而且还能扩展到新的市场阵地，作为企业未来新的防御和进攻中心的防线等。

（3）扩大市场占有率。市场占有率与投资报酬率密切相关。一般说来，企业的市场占有率越高，其投资收益相应就越大。市场领导者企业可以利用经济规模的优势，降低成本，扩大市场占有率。采用这种竞争策略要注意三个问题：引起反垄断的可能性，为提高市场占有率所付出的成本以及采用何种营销组合策略。

2. 市场挑战者的定位

这种策略就是将竞争对手挤出原有位置，并取而代之。一些实力雄厚的大企业，为扩大自己的市场范围，通常会采取这种具有挑战性的策略。企业要实施这种定位策略，必须比竞争对手有明显的优势，提供比竞争对手更加有优势和有特色的产品，并做好大量的推广宣传工作，提高本企业产品的形象和知名度，冲淡顾客对竞争对手产品的印象和好感。

3. 市场追随者的定位

这种策略是将本企业的产品位置确定在目标市场上现有的竞争对手的产品旁边，创造性地进行模仿和改进。一些实力不太雄厚的中小企业大都采用此策略。

采用这种策略的优点有：

（1）企业可仿制并改进竞争对手的产品，向市场销售自己品牌的产品。

（2）由于竞争对手已开发这类产品，本企业可节约大量研究开发费用，降低成本。

（3）由于竞争对手已为这类产品进行推广宣传，开拓了市场，本企业既可节约推广费用，又可减少滞销的风险。

企业决定选择这种市场定位策略的前提是：其一，该市场的需求潜力还很大，还有很多未被满足的需求，并足以吸纳新进入的产品；其二，企业推出的产品要有自己的特色，能与竞争对手的产品媲美，才能立足于该市场。

4. 市场补缺者的定位

这种策略是将企业产品的位置定位在目标市场的空缺处，它不仅避开了市场竞争，不与目标市场上的竞争对手直接对抗，而且在目标市场的空隙和空缺领域开拓新的市场，生产销售目标市场上尚没有的某种特色产品，以更好地发挥企业的竞争优势，获取较好的经济效益。

营销经典：准确定位助美国西南航空公司起飞

美国西南航空公司把自己牢牢地定位成短程、不提供不必要的服务、低价的航空公司。例如，航空公司不提供正餐，只提供花生。所有的飞机上都没有头等舱，只有三人座。美国西南航空公司的航班上没有预订座位这一说，旅客拿到排序的登机卡，先来先得，每 30 个人一起登机。西南航空公司的飞机飞行时间只有一小时，单程平均费用也只花费 76 美元。

虽然美国西南航空公司的飞机旅行不那么舒适，但仍有很多旅客热衷于它，这要归功于美国西南航空公司在把旅客按时送到目的地这方面胜过其他。1992 年，美国西南航空公司因其最佳的准时服务、最佳的行李托运和最佳的顾客服务，获得美国交通部首届三角皇冠奖，并且又连续 5 年获此殊荣。十几年来，在准时服务这方面，西南航空公司已经成了行业领导者。

除了以上这些基本方面，美国西南航空公司的稳固定位主要还是因为它准确的定位“不舒适……但却廉价而有趣。”美国西南航空公司是高效低成本经营的典型。事实上，由于价格低廉，美国西南航空公司进入了一个新的市场：它吸引了本来要开车或者坐公共汽车的旅客，从而实际上增加了航空的总运输量。例如，美国西南航空公司推出路易斯维尔至芝加哥航线，单程机票只要 49 美元，而竞争对手的价格是 250 美元。结果，两个城市间航空旅客每周总运输量从 8000 人次增加到了 26000 人次。

不提供不必要的服务和低价位并不意味着单调乏味。为了使气氛轻松起来，美国西南航空公司加入了另一个定位要素——大量好玩的、健康的娱乐。

美国西南航空公司的雇员会把自己装扮成爱尔兰守护神节的精灵和复活节的兔子，而在万圣节就几乎什么都有。空姐把安全事项唱出来，有乡村音乐、布鲁斯和说唱音乐，让旅客互相做自我介绍，然后再拥抱、亲吻并向对方求婚。他们用这些方法给旅客带来惊喜和娱乐。就连公司首席执行官凯莱赫也曾经化妆成猫王和顾客打招呼。

这个稳固定位的结果是，美国西南航空公司成为美国第四大航空公司。公司成功战胜了几家主要竞争对手的挑战。

案例分析

有关美国西南航空公司的这一案例曾经引起众多营销专家的关注，人们一致认为美国西南航空公司成功的关键在于找到了一个合适的定位。美国西南航空作为后来者，并没有同其他公司展开全面竞争，而是使自己的定位形成竞争优势，由于美国西南航空的低成本，但不舒适的定位适合短途航线，它最终取得了这方面的竞争优势并成为短途飞行之王。美国西南航空公司在坚持低成本定位的同时，在服务上又体现出高质量的原则，使顾客得到了更多的实惠，也得到了广大消费者的认同。

企业经营者、决策者在营销观念上不能有先入为主的偏见，不能认为某一种产品只能提供给某一消费群，当你把视野拓展至全体消费者时，你就能找到最佳的市场定位。

营销忠告：企业经营者、决策者在营销观念上不能有先入为主的偏见，不能认为某一种产品只能提供给某一消费群，当你把视野拓展至全体消费者时，你就能找到最佳的市场定位。

第5章 产品策略

所谓产品策略，即指企业制定经营战略时，首先要明确企业能提供什么样的产品和服务去满足消费者的要求，也就是要解决产品策略问题。它是市场营销组合策略的基础，从一定意义上讲，企业成功与发展的关键在于产品满足消费者的需求的程度以及产品策略正确与否。

※ 产品整体观念

产品三大属性

华为指出，产品或服务传递给消费者的利益即产品的核心利益层，主要是通过产品的三大属性提供给消费者的，它们分别是质量、特色和设计。

1. 产品质量

质量是产品的一个重要属性，也是产品差异化的一个重要因素。产品品质有两个要素，即水平和一致性。营销人员首先要选定一个可以支持其产品在目标市场中的定位的质量水平，包括产品的整体耐用性、可靠性、精确性、容易操作和维修，以及其他有价值的属性。

除了质量水平之外，高质量指高度的质量一致性，也指无缺陷及提供特定质量水平的一致性。所有厂商都应努力追求高度的质量一致性。譬如，一个普通冰箱的质量水平固然比不上海尔冰箱，但是普通冰箱的质量一致性也可以和海尔冰箱一样好。

质量必须从消费者的角度来评估和确定，也就是说，营销学刻画的是“市场驱动质量”，而不是“工程驱动质量”，即是适用质量，而不是性能质量。华为这样定义产品的质量：产品质量是指符合标准质量，即没有产品缺陷，以及目标性能质量标准的前后一致性。为此，华为特别强调，企业的产品不一定要追求最高质量，但质量必须反映出消费者对其认可和接受的程度。也就是说，凡是对消费者来说没有起到相应作用，或者是对消费者来说没有体现出合理的消费价值的产品质量，无论是符合哪种质量标准的产品，都是无意义的。

2. 产品特色

产品特色是产品区别于其他企业产品的工具。大多数的产品都可在原始的产品之外，添加一些额外的特性，以满足不同顾客的需要，增加产品的吸引力。譬如，一部洗衣机除了基本的功能之外，生产商通常可依据顾客的需要提供全自动、半自动等可供顾客选择的特性。

华为认为，抢先推出一种有用并有价值的新特色是最有价值的竞争方法之一。

3. 产品设计

独特的产品设计也可增加顾客的消费价值。华为认为，不能把设计与式样混为一谈，事实上设计是超过式样的。式样只描述产品的外观，强调让人看起来赏心悦目而已，但不一定会增进产品的功能。在某些情况下，式样甚至可能中看不中用，会削弱产品的功能。但产品设计不但重视产品的外观，也重视产品的用途。良好的设计可以增加产品的美观，使产品更能吸引注意，增强产品的功能，有时还能降低成本，并可向顾客传达较高的产品价值感，让产品在目标市场中具有更大的竞争优势，是产品差异化的重要工具之一。

产品系列和产品组合决策

一、产品系列决策

产品系列又称产品线，是指技术上和结构上密切相关的一组产品。

华为认为，产品系列决策最主要的是产品系列长度。产品系列长度是指产品系列中产品项目的多寡。如果增加一些产品项目可以提高整个产品系列的利润，可能表示产品系列太短；如果减少一些产品项目可以提高整个产品系列的利润，可能表示产品系列太长。

如何才是产品系列的适宜长度，要看公司的目标而定。如果想要成为一个产品系列齐全的公司，或者要求较高的市场占有率和市场成长率，那么产品系列的长度通常就该长一点，即使有些产品项目未达到适当的利润水平可能也在所不惜。如果公司比较重视短期获利率，或较不在乎公司在产业中的市场占有率，那么产品系列就可短一点，通常只要包括较赚钱的产品项目就行了。

另外，产品系列长度也常会因产品生命周期的演进而有所变化。在产品成长阶段，由于市场成长快速，但竞争逐渐激烈，为扩大市场占有率，往往需要增加产品项目，使产品系列增长，一直到成熟期、衰退期以后，由于市场饱和、利润减少，产品项目会逐渐减少，使产品线愈来愈短。

华为提醒企业要注意管理产品系列，对此，他提出了两种增加产品系列长度的方法，产品系列延伸和产品线填补。

1. 产品系列延伸

企业的产品线通常只在某个范围内扩展。产品线延伸意指加长产品线，使其超出现有的范围。

华为指出产品线延伸有向下延伸、向上延伸和双向延伸 3 种不同的方式。

（1）向下延伸。企业决定将其产品线向下延伸，在市场上推出比较低端的产品。其原因包括：

①高端产品受到攻击，因此决定以牙还牙，发展较低端的产品。

②发现较低端产品的成长速度较快，因此决定向下延伸。

③企业原先发展高端产品只是要树立品质优良的形象，因此一旦时机成熟，就向下延伸产品线。

④企业增加一些较低端的产品，以弥补市场防线上的漏洞，避免吸引新的竞争者进入市场。但是，向下延伸会使企业面临一些风险：可能会使原来高端产品的市场更加缩小；可能促使竞争者转向高端和新产品的开发；中间商可能不愿意经营低端的产品。

（2）向上延伸。企业原来生产低档产品，后来决定增加高档产品。主要原因包括：

①高档产品畅销，销售增长较快，利润高。

②企业估计高档产品市场上的竞争者较弱，易于被击败。

③企业想使自己成为生产种类全面的企业。

采取向上延伸决策也具有一定的风险，表现在：

①可能引起生产高档产品的竞争者进入低档产品市场进行反攻。

②顾客可能不相信企业能生产高档产品。

③企业可能需要培训或物色新的销售人员。

（3）双向延伸。原先定位于中档产品市场的企业掌握了市场优势以后，决定向产品大类的上下两个方向延伸，一方面增加高档产品，另一方面增加低档产品，扩大市场阵地。

2. 产品线填补

另一种增加产品系列长度的方法是产品线填补。填补是指在现有的产品系列范围内增加新的产品项目，但华为提醒企业，采取这种方法时，要确定新产品与原有产品明显不同，否则会导致企业产品自相冲突并会使顾客感到迷惑。

二、产品组合及其评估

产品组合也称产品搭配，是指一特定厂商所销售的所有产品线或产品项目。

华为指出产品组合的四大要件：广度、长度、深度和相关性。

产品组合的广度是指公司拥有的产品线数目，长度是指公司所销售的产品项目的总数，深度是指产品线中每一产品有多少种变形，相关性则是指产品组合中各产品线在最终用途、生产技术、分销渠道或其他方面的关联程度。

产品组合的这 4 个因素有助于公司的产品策略。公司可从 4 个方面来扩展其业务：

（1）公司可增加新产品线，因而增加产品组合的广度，使新产品线借助公司其他产品线的声誉而有可能兴盛。

（2）公司可以加长目前的产品线，成为产品线更完整的公司。

（3）公司可增加各产品的变形，以加深其产品组合。

（4）公司可追求较关联或较不关联的产品线，这要根据公司是否要在单一领域或在若干领域中建立强有力的声誉而定。

包装和标签是产品的视觉语言

华为认为，越来越激烈的竞争和零售商货架上日渐拥挤杂乱的局面，意味着包装现在必须担负起许多销售职责——从吸引人们的注意到描述产品，再到促成销售。

1. 商品包装

商品包装是指产品的容器和包扎物。商品包装与装潢是实现商品使用价值、吸引消费者欲望、树立产品和企业形象、促进市场竞争、增加商品价值的重要手段，被誉为“不说话的推销员”。华为认为，包装已经成为一项非常重要的产品营销工具，是产品的一部分。

在现代市场经济下，商品包装是一种“视觉语言”，它通过一定的形(状)、色(泽)、质(地)，用理想方式快捷、准确、有效地传达商品信息，沟通消费者、生产者、经销者之间的联系，达成商品交换的目的。因此，应改变传统的商品包装只重视装潢(即重视外表的装饰美化)，而不重视包装功能表现的设计思想，重视采取商业摄影、高度写真为包装的主要形式，再现商品特性，同时辅之以绘画、高度简化、巧妙夸张的艺术手法，使商品包装获得千差万别的视觉效果。

华为认为，随着市场上产品种类的日益增多，一位顾客在超级市场中每分钟可以见到300种商品，并且他的购买行为有3%是出于一时冲动，包装在此时几乎相当于一个“5秒钟商业广告”。

因此，为新产品设计包装时，企业应考虑到各种因素，从而做出多种决策。

华为指出，设计产品包装首先要做的就是建立包装概念。华为所说的“包装概念”是指企业要确定包装应为产品做些什么，确定新产品包装的主要作用是什么，是产品保护还是介绍产品的使用方式等。根据企业不同的包装概念，有以下几种包装策略可供企业选择：

（1）便于携带，方便使用。消费者购买的是商品的核心利益，即使用价值，因此，商品的包装要首先考虑消费者携带、使用方便。如果产品包装很难打开，消费者怕麻烦就不愿买，结果企业失去大批现有的和潜在的顾客。

为了商品的使用方便，包装要大小适宜。对旅游食品、饮料，应一人一次能用完为宜，对开包后易挥发、易变质且用量又不大的商品，包装不宜太大。为便于携带，有的商品包装应设计成带提手的，比较坚硬结实的包装或盒装。

（2）要具有审美价值。商品包装也能反映一个企业的生产水平、文化艺术和科学文明水平，因此包装设计要外形新颖，色彩明快，具有装饰性和观赏性，使顾客看后有美的感受。特别是礼品包装，要美观大方，具有较强的艺术性，以增加商品的名贵感，从而达到宣传商品、扩大销售的目的。

（3）重复使用包装。重复使用包装是将原包装里的商品用完后，其容器再做别的用途。这种包装策略，一方面可以增加消费品的使用价值，另一方面因包装上有商标，可起到商品营销的作用，引起消费者重复购买。

（4）附赠品包装。这种包装方式由于赠品的附加而引起消费者的购买欲望。在儿童消费为主的市场，这一策略效果尤为显著，如在包装盒内附有连环画、人物彩色照片、集字图、小动物模型、小玩具以及赠品券等，极易引起儿童的兴趣，从而形成忠诚的儿童消费群。

2. 标签

标签是指附着或悬挂在产品上和产品包装上的文字、图形、雕刻及印制的说明。为了限制冒名顶替，防止欺蒙顾客，企业通过标签把包装内产品的数量如实地告诉消费者，便于消费者借以进行价值的比较，做出最佳选择。产品标签的内容包括：①制造者或销售者名称和地址；②产品名称；③商标；④成分；⑤品质特点；⑥包装内数量；⑦使用方法及用处、编号；⑧贮藏应注意事项等。

华为提醒企业，制作标签时要注意它能发挥哪些作用，最低限度也要方便消费者识别产品或品牌。另外，企业必须保证它们的标签已包含了所有必要的信息。

营销经典：为了销售，一切都不可耻

1992年的时候，华为品牌不出名，公司很小，没有什么影响力，为了与一个县里的邮电局领导拉上关系，华为一线销售人员真是想尽了办法。一次，华为驻某地的办事处主任为了和一个县里电信局的处长拉上关系，平时非常留心观察对方的需要。当时，学习驾驶汽车是很流行的事情，这位处长也在学车，但练习用车很少，练车的人很多，处长要排队等上一年多才能轮到，而且，当时练习的车子最好的也就是北京202吉普车。他知道处长的这个爱好后，就想搞一辆好点的车让那位处长大人练习，但是办事处也只有一辆破旧的吉普车。后来，他托关系，向当地武警部队借了一辆崭新的小轿车，趁周末时间把车开到处长的家里，供处长练车。当地刚下过的雪还没有融化完，练习场里泥泞不堪，加上处长还不怎么会开，车子刚进到练习场就陷入了一个结冰的泥坑中，怎么也出不来了。办事处主任二话不说，脱了鞋袜跳到泥坑里就去推车，陪同的华为人也纷纷脱了鞋袜推车。当时正值寒冬腊月，滴水成冰，几名华为人赤脚踏在冰水里，寒气刺骨，但心里是温暖的——终于有个机会可以表现自己，感动客户了。为了能和客户搞好关系，有的华为员工能把电信管理局上上下下领导的儿女上大学、爱人去深圳看海、家里换煤气罐等所有家务事都包了；能够冒充别的企业的人，从机场把对手的客户接到自己的展厅里；能够比一个新任处长的朋友更早得知其新的办公地址，在他上任第一天将《华为人报》改投到新单位。一名华为人这样形容华为的销售策略："华为用一种自然的方式令员工们相信，为了市场销售的增长，公司所做的一切都不是可耻的。"

这种拉近客户关系的方式，也许会被现代的人诟病，但是在改革开放初期，电信设备招标尚未开始实行，竞争加剧，形成买方市场的情况下，这些方式是不可避免的生存方式。在这方面，很少有企业能够"免俗"。外资企业刚进入中国时还比较规范，但时间一长就发现了这种"游戏"规则，后来的做法有过之而无不及。这也是后来人们所说的"对市场需求的深刻理解"。由于贴近了客户，华为人逐渐发现他们可以在一定程度上对客户形成影响和进行引导。于是华为开始向客户推销自己的技术，通过放幻灯片展示自己的产品、提升在客户心目中的形象，使客户对公司的技术水平、产品有了一定的认同后再去做市场。

营销忠告：华为认为，越来越激烈的竞争和零售商货架上日渐拥挤杂乱的局面，意味着包装现在必须担负起许多销售职责——从吸引人们的注意到描述产品，再到促成销售。

※ 品牌浓缩了一切

品牌的作用

高质量的产品利益和产品属性可以成就一个好的品牌，而品牌除了可以将产品与其他同类产品相区别外，更重要的是它已经成为产品质量的象征。现代市场竞争往往是通过品牌来体现的，品牌就是企业的信誉，是企业赖以生存的基础，是企业市场竞争能力的综合表现。

在华为看来，营销的最高境界是品牌经营。华为认为，"耐克"品牌的最成功之处是让激动与成就感附着于产品之上，拥有"耐克"的顾客会有成就感，这就是品牌的力量。

华为认为，消费者在选择商品时，往往比较的就是品牌，品牌浓缩了一切，品牌集中了一切。随着产品的不断丰富，消费者对品牌的依赖也会随之加强。

为什么说品牌浓缩了一切？我们从三方面来看。

1. 从消费者角度看

（1）识别功能。品牌可以帮助消费者辨认出品牌的制造商、产地等基本要素，从而区别于同类产品。

（2）导购功能。品牌可以帮助消费者迅速找到所需要的产品，从而减少消费者在搜寻过程中花费的时间和精力。

（3）降低购买风险功能。消费者都希望买到自己称心如意的产品，同时还希望能得到周围人的认同。选择信誉好的品牌则可以帮助降低精神风险和金钱风险。

（4）契约功能。品牌是为消费者提供稳定优质产品和服务的保障，消费者则用长期忠诚的购买回报制造商，双方最终通过品牌形成一种相互信任的契约关系。

（5）个性展现功能。品牌经过多年的发展，能积累独特的个性和丰富的内涵，而消费者可以通过购买与自己个性气质相吻合的品牌来展现自我。

2. 从企业角度看

（1）品牌是产品竞争的有力武器。品牌与产品形象、企业形象密切相关。一个好的品牌是提高企业声望、扩大产品销路的“开路先锋”，是参与市场竞争的好帮手。美国的可口可乐、日本的东芝、松下等产品之所以在世界上畅销不衰，靠的都是响当当的品牌。

（2）品牌有助于产品促销。好的品牌，稳定并逐步扩大企业产品销路，如江苏红豆衬衣畅销国内外市场，靠的就是品牌。另外，品牌对新产品上市有极大帮助作用，消费者更容易接受已有良好声誉的品牌。

（3）注册商标受法律保护。经过注册的商标具有严格的排他性，注册者有专用权。一旦在市场上发现假冒商品，注册企业可依法追究、索赔，保护本企业利益不受侵犯。

（4）品牌有助于监督、提高产品质量。企业创立一个品牌，要经过长期不懈地努力，才能在消费者心目中树立牢固的信誉，要维护品牌形象，必须不断巩固和提高产品质量。因此，品牌是企业自我监督的一种重要手段。

（5）品牌资产形成。好的品牌是企业宝贵的无形资产，具有极高的价值。在企业内部，品牌对于提高员工的凝聚力，增加其自豪感，调动员工的创造性和工作热情有着不可估量的作用。根据估计，可口可乐的品牌价值就有390亿美元。

3．品牌的社会效应

（1）聚合效应。名牌企业或产品在资源方面会获得社会的认可，社会的资本、人才、管理经验甚至政策都会倾向名牌企业或产品，使企业聚合了人、财、物等资源，形成并很好地发挥名牌的聚合效应。

（2）磁场效应。企业或产品成为品牌，拥有了较高的知名度，特别是较高的美誉度后，会在消费者心目中树立起极高的威望。企业或产品吸引消费者，消费者会在这种吸引力下形成品牌忠诚，反复购买、重复使用、对其不断宣传，而其他产品的使用者也会在品牌产品的吸引下开始使用此产品，并可能同样成为此品牌的忠实消费者，这样品牌实力进一步巩固，形成了品牌的良性循环。

（3）衍生效应。品牌积累、聚合了足够的资源，就会不断衍生出新的产品和服务，品牌的衍生效应使企业快速地发展，并不断开拓市场，占有市场，形成新的品牌。例如，海尔集团首先是在冰箱领域创出佳绩，成为知名企业、知名品牌后，才逐步将其聚合的资本、技术、管理经验等延伸到空调、洗衣机、彩电等业务领域。

（4）内敛效应。品牌会增强企业的凝聚力。比如中国的联想集团、以民族品牌为号召的四川长虹等，它们的良好形象能形成一种企业文化和工作氛围。名牌的内敛效应聚合了员工的精力、才力、智力、体力甚至财力，使企业得到提升。

（5）宣传效应。品牌形成后，就可以利用名牌的知名度、美誉度传播企业名声，宣传地区形象，甚至宣传国家形象。例如，宝洁公司的知名产品飘柔、海飞丝等，人们因为了解这些产品而认识了宝洁公司或者说加深了对宝洁公司的认识。

（6）带动效应。名牌的带动效应是指名牌产品对企业发展的拉动，名牌企业对城市经济、地区经济甚至国家经济具有强大的带动作用。名牌的带动效应也可称为龙头效应，名牌产品或企业像龙头一样带动着企业的发展、地区经济的增长。另外，品牌对产品销售、企业经营、企业扩张都有一种带动效应，这也是国际上所谓的“品牌带动论”。

（7）稳定效应。当一个地区的经济出现波动时，品牌的稳定发展一方面可以拉动地区经济，另一方面起到了稳定军心的作用，使人、才、物等社会资源不至于流走。

选择组成品牌的元素

营销之父科特勒在其《营销管理——分析、计划、控制》一书中将品牌定义为：“一个名字、名词、符号或设计，或是上述的总和，其目的是要使自己的产品或服务有别于其他竞争者。”

简单地说，品牌是由名称和标志两部分构成的。

品牌名称是品牌中直接可以呼叫的部分，它的基本功能是将不同产品区别开来，如自行车的“永久”牌、“凤凰”牌等。一个好的名称是产品的“点睛之笔”，能够赋予产品丰厚的文化价值。“红豆”服饰的名称取自于中国古诗“红豆生南国，春来发几枝？愿君多采撷，此物最相思”，从而给平常的产品赋予了浓厚的文化内涵，勾起了无数游子的思乡之情，在消费者的心目中留下了深刻的印象。品牌标志是品牌中易于识别但无法呼叫的部分，包括记号、颜色、图案等。例如，“可口可乐”几个英文字母的专门设计图案。金色拱形也是一例，它代表了麦当劳餐厅，从美国奥林匹克代表队到小型的垒球联盟队，在麦当劳赞助的运动队队服上都能看到它的踪迹。

除了名称和标志外，品牌元素还包括网站地址、特征、代言人、口号、包装和记号等，所有能鉴别并且使品牌有差异的元素。

1．品牌元素选择准则

（1）有意义，能显示有关产品的优点，包括用途、特性与品质。

（2）可简短记忆，如品牌名称要易于拼读、发音、辨认与记忆。读时无不和谐音调，令人有欣悦之感，并且只有一种发音方法。出口商品品牌名称更应力求选择可用多种语言发音的字。

（3）要有特色，与其他品牌有显著的差异性。

（4）可适应，应有充分的伸缩性，使品牌形象永远年轻。

（5）可保护，易于申请注册登记，以便得到法律保护。

（6）可转换，在相同或不同的种类里，品牌元素都能用来介绍新产品。

2．品牌名称的选择

（1）个别品牌名称。即企业在不同的产品上使用不同的品牌名称，如五粮液酒厂就是采用这一策略。这种策略的好处是：将单个产品的成败与企业的声誉分开，不至于因某个产品的失败而影响企业的形象；企业推出较低档次的产品时，也不会影响较高档次产品的名声；企业可以为每个新产品寻找最恰当的品牌名称以刺激、吸引顾客。它的缺点是企业要为各个产品分别进行品牌名称的设计、宣传工作，费用支出较大。企业产品数量较多时，采用这种策略也不便于加强品牌管理。

（2）统一品牌名称。即企业所有产品都使用同一个品牌名称，如娃哈哈集团、东芝等都是采用这一策略。这一策略的优点是：能够节省将新产品推入市场的费用，特别是节省大量的广告费用；当企业的品牌是知名品牌时，新产品能顺利地为顾客所接受，迅速地打开市场。但在企业的产品存在明显差异如质量差异时，不宜采用这种策略。

（3）分类品牌名称。企业采用这一策略是因为：

①企业生产经营许多不同类别的甚至截然不同的产品，必须使用不同的品牌名称以免相互混淆。如美国史威夫特公司生产火腿和肥料这两大类产品，就分别使用“普利姆”和“肥高洛”这两个不同的品牌名称。

②企业生产经营的虽是同一类产品，但存在着明显的差异如质量差异，对不同质量水平的产品也要使用不同的品牌名称。如美国大西洋和太平洋茶叶公司经营的一级品、二级品和三级品的品牌名称分别为AnnPage、Suitana和Iona。

（4）企业名称和单个产品名称结合。在新产品品牌名称前加上企业名称，可使新产品利用企业的声誉，而单个的品牌名称又体现出企业不同产品各自的特色。如春兰集团生产的摩托车使用的品牌名称为“春兰虎”、“春兰豹”。

建立品牌的正面联想

提到麦当劳，消费者就会把它与其创始人Ronald Mc Donald联系起来，与它的象征金字牌楼的门面联系起来，与其服务的消费对象孩子们联系起来，与其整洁有效的工作联系起来，甚至可以同汽车、食品和电影院联系起来。

品牌联想不仅存在，而且具有一定的力量。消费者积累了许多次视听感觉和使用经验后，会加强同商标的联系。

在建立品牌联想时，企业应该注意把品牌的负面联想降到最低。同时，华为还提醒到，建立正面的品牌联想要注意差异化，才能从中获利。如果麦当劳的联想和其他竞争品牌相同，那它的品牌便会毫无价值。

若试图为品牌建立起多元的正面联想性，企业应该考虑可以传递正面联想的5个方面，即特质、利益、公司价值、个性和使用者。

1. 产品特质

品牌首先使人联想到产品的某种属性。如一提茅台酒就使人想到工艺完备、昂贵、酒香浓郁、口感醇厚、尊贵等。企业可以采用一种或几种属性为产品做广告，如茅台酒一直作为“中国酒中极品”的形象出现在市场上。

2. 产品利益

顾客买产品，最终目的不是购买产品的某一属性而是要获得某种利益以满足自身需求。属性需要转化为功能性或情感性的利益。“昂贵”的属性可以转化成情感性利益，如“这种酒使我感觉地位高并受人尊重”；“工艺完备”的属性可以转化为功能性利益，如“这种酒饮用起来会很安全”

3. 公司价值

品牌也能够体现一部分生产者的价值。例如，茅台酒代表着高技艺、声望、自信及其他东西。品牌营销人员必须对此加以分辨，确定对此感兴趣的用户群体。

4．产品个性

品牌也能反映一定个性。如果品牌是一个人、动物或物品，会使人联想到什么呢？如一位老者、一头白象或一座古老庄严的殿堂，而这种联想的衍生物是否符合用户的审美观，也影响到顾客购买行为。

5．产品使用者

品牌还暗示了购买或使用产品的消费用户特征，即使用某品牌的用户是什么类型的人。当这种暗示在社会上形成风气与公论，则会吸引更多具有或希望具有此种特征的用户来购买。

所有这些都说明品牌是一个复杂的概念，因此，营销人员在设计品牌时不能只是仅仅设计一个名字，而是要制定一整套的品牌含义。当人们可以从 5 个方面识别品牌时，这个品牌就是一个深度品牌，否则只是一个浅度品牌。如茅台酒是一个深度品牌，因为我们可以从 5 个层次去理解它、认知它。

华为认为，只要品牌名称能在顾客心中产生正面的联想，那么这种品牌便可称得上是强势品牌。

设计品牌发展战略

恰当的品牌决策与产品名称同等重要。华为指出，一般情况下，企业在品牌决策过程中需要经过下面几个步骤。

1．品牌有无策略

一般来讲，现代企业都有自己的品牌和商标。华为指出，以前的产品现今已不是单纯意义上的产品，大部分没有本质区别的产品现在因为品牌而被高度区分了。

2．品牌的使用者

企业究竟是使用制造商品牌还是经销商品牌，必须全面地权衡利弊，以作出决策。在制造商具有良好市场声誉，拥有较大市场份额的条件下，多使用制造商品牌。制造商的品牌成为名牌后，使用制造商品牌将更为有利，无力经营自己品牌的中间商，只能接受制造商品牌。

相反，在制造商资金能力薄弱，市场销售力量相对不足的情况下，可以使用经销商品牌。尤其是那些刚进入市场的中小企业，无力用自己的品牌将产品打入市场，往往借助于中间商品牌。如果中间商在某一市场领域中拥有良好的品牌信誉及庞大完善的销售体系，利用中间商品牌也是有利的，这在国际贸易中是常见的。

3．品牌统分策略

如果企业决定其大部分或全部产品都使用自己的品牌，那么还要进一步决定其产品是分别使用不同的品牌，还是统一使用一个或几个品牌。这就是说，在这个问题上有4种可供选择的策略。

（1）个别品牌。个别品牌是指企业各种不同的产品分别使用不同的品牌。其好处主要是：企业的整个声誉不会受其某种商品的不良声誉的影响；某企业原来一向生产某种高档产品，后来推出较低档的产品，如果这种新产品使用自己的品牌，也不会影响这家企业的名牌产品的声誉。

（2）统一品牌。统一品牌是指企业所有的产品都统一使用一个品牌名称。企业采取统一品牌名称策略的好处主要是：企业宣传介绍新产品的费用开支较低；如果企业的名声好，其产品必然畅销。

（3）分类品牌。分类品牌是指企业的各类产品分别命名，一类产品使用一个牌子。这主要是因为：企业生产或销售许多不同类型的产品，如果都统一使用一个品牌，这些不同类型的产品就容易互相混淆。有些企业虽然生产或销售同一类型的产品，但是，为了区别不同质量水平的产品，往往也分别使用不同的品牌名称。

（4）企业名称加个别品牌。这种策略是指企业对其不同的产品分别使用不同的品牌，而且各种产品的品牌前面还冠以企业名称。企业采取这种策略的好处主要是：在各种不同新产品的品牌名称前冠以企业名称，可以使新产品合法化，能够享受企业的信誉；而各种不同的新产品分别使用不同的品牌名称，又可以使各种不同的新产品各有不同的特色。

4．品牌扩展策略

此种策略与产品线扩展策略的“加长”相对应，是指以现有品牌名称推出新的产品线，即产品组合的“加宽”。日本本田 (HONDA) 汽车企业在产品成功之后，又利用“本田”的品牌推出了摩托车、割草机、铲雪车等多种产品线，使企业规模得到迅速地扩大。

品牌扩展策略作为营销主管的“招数”之一，具有多种优势，著名品牌可以令新市场迅速接受新产品，从而达到吸引新用户、扩充经营范围的目的。日本索尼公司前总裁盛田昭夫深谙此道，他将所有新的电子产品皆冠以“索尼”之名，产品一上市即得到用户认可，因为用户早已将索尼的品牌与质量可靠、功能先进的特征相联系，形成了极强的品牌忠诚度。这使得索尼公司在中期发展阶段迅速扩充实力，不断占领、开发新市场，一举成为世界五大企业之一，品牌扩展策略的效力之强可窥一斑。同时，品牌扩展可以节省用于促销新品牌所需的大量费用，它还能使消费者迅速认识新产品。因此，品牌扩展策略作为营销组合中的重要手段，被越来越多的企业营销人员广泛采用。

5. 多品牌战略

多品牌战略是指企业同时经营两种或两种以上互相竞争的品牌。华为认为，这种策略为建立不同的产品特色和迎合不同的消费者提供了一条捷径。这种品牌的一个缺点是每种品牌只能获得一小部分的市场份额，针对这种情况，华为建议企业建立几个较高利润水平的品牌，而不要把资源分摊在所有的品牌上。

6. 新品牌

华为认为，当企业决定推出一个新的产品，它可能发现原有的品牌名称不适用于这一新产品，或是新产品会伤害品牌的形象，或是原有品牌对新产品没有任何帮助。这时企业最好创造一个新的品牌名称。但华为提醒企业，太多的新品牌也会导致企业资源的过度分散，因此，企业在引入新品牌时，应慎之又慎。

营销经典：宝洁的多品牌策略

在中国，提起宝洁公司，消费者立刻会联想到许多广为人知的品牌：让头发飘逸柔顺，洗发护发二合一的“飘柔”；含有维生素原8，令头发加倍亮泽的“潘婷”；洁肤而且杀菌的“舒肤佳香皂”；对蛋白质污渍有特别强的去污力的“碧浪”洗衣粉，以及滋润青春肌肤，蕴含青春美的“玉兰油”。宝浩的各类产品已经成为消费者，特别是年轻消费者日常生活中必不可少的一部分。无论是飘柔、潘婷、海飞丝、润妍，还是舒肤佳、玉兰油、碧浪、护舒宝、帮宝适，宝洁旗下的各种品牌在中国都家喻户晓。

成立于1837年的美国宝洁公司依靠“一品多牌”打造企业核心竞

争力，成为世界日用消费品市场的“龙头老大”。连续9年被《财富》杂志选为最受仰慕的公司。它在世界56个国家设有工厂及分公司，所经营的39个产品大类、300个品牌的产品畅销140个国家和地区，其中包括食品，纸品，洗涤用品，肥皂，药品，护发、护肤产品，化妆品等。作为一个成功的跨国企业，公司总销售额的40%来自美国本土以外的市场，宝洁的国际部是业务发展得最快的一个部门，其销售量和利润超过宝洁公司销售和利润总额的50%。

宝洁公司于1988年8月创建了在中国的第一家合资企业——广州宝洁有限公司，这是宝洁公司在中国建立的第一家公司。这家公司专门生产洗涤护肤用品。1990年合资各方为满足日益增长的市场需要，又创办了广州宝洁纸品有限公司。1992年再次合资创建广州宝洁洗涤用品有限公司，然后陆续在北京、天津、上海、成都建立了分公司，并先后在华东、华南、西北、华北等地建立分销机构，不断向市场推出多种品牌的产品，提供一流的产品和服务，销售覆盖面遍及全国。今天，宝洁的系列品牌已经牢牢占领了中国市场。宝洁系列品牌为什么会在中国市场一举成功？宝洁在中国内地市场的成功奥秘何在？

“明眼人”都知道，是“一品多牌”策略造就了宝洁的成功。宝洁通过“一品多牌”策略，形成了强大的品牌竞争优势，成为消费者心目中的日用品代名词。

传统的营销理论认为：单一品牌延伸策略能使企业减少宣传成本，易于被顾客接受，更便于企业形象的统一。但宝洁认为，单一品牌并非万全之策。因为一种品牌树立之后，容易在消费者心目中形成固定的印象，这样很不利于产品的延伸，尤其是像宝洁这样横跨多种行业、拥有多种产品的企业更是如此。比如，假设宝洁的洗发水只有“潘婷”一个品牌，就会在消费者中造成“潘婷”只是洗发水的印象，如果再用“潘婷”去开发其他种类的产品，就不易被顾客接受。而多品牌策略则可以使每一个个性鲜明的产品能满足不同消费群体的需要，从而使每个品牌都在消费者心目中留下深刻的印象，从而获得自己应有的市场定位。因此，关于品牌，宝洁的一贯原则是：如果某一个种类的市场还有空间，最好那些“其他品牌”也是宝洁公司的产品，因此宝洁采取了多品牌策略。宝洁的每一款产品的特性是各不相同的，宝洁的家族中没有完全相同的两款品牌。宝洁认识到同一种消费日用品由于人们习惯的差异会呈现多个“卖点”，只有创造不同“特性”的商品才有可能满足不同层次顾客的需求。为了有效占领市场，需要使用多个品牌，所以宝洁在同领域推出不同品牌的做法。这与我们传统的营销理念有很大的区别，往往会引起人们的质疑：这种无异于是“窝里斗”的做法，会不会造成宣传资源的浪费？经过多年的品牌营销实践证明，答案是否定的。宝洁不断在相同领域推出自己不同品牌的做法，正是考虑到市场本身的多元化以及消费者的不同性格、不同喜好、不同偏爱、不同需求这一根本差别，宝洁不仅要力争满足全球消费者的共同需要，同时也尽力满足具体市场的独特需求，并在不同行业都拥有了极高的市场占有率。

宝洁的多品牌策略与目前市场上不同档次、不同价位的产品之间相互抄袭或模仿，其心存误导之意的做法有着根本的不同。宝洁的多品牌策略并不是把一种产品简单地贴上几种商标，而是追求同类产品不同品牌的差异，让每个品牌都具有一个与其他品牌不同的“特性”。

这样，每个品牌都会有自己的发展空间，市场也就不会重叠。以洗发水为例，宝洁公司旗下的几个品牌都有其明确的市场定位："海飞丝"成为国内去头屑洗发水的代表；"潘婷"的特性在于对头发的营养保护；"飘柔"的特性则是使头发光滑柔顺；"沙宣"则定位于调节水分与营养；"润研"能令头发乌黑、光泽，具有生命力。宝洁的这几个品牌目前在中国市场都占据了相当的份额，成为耀眼的"五朵金花"。多品牌策略不仅提高了宝洁公司整体的市场份额，也降低了单一品牌的风险。以宝洁中国为例，2001～2003年，该企业连续3年销售增长率超过了25%，利润以平均每年140%的速度增长，2003年宝洁中国的业绩接近150亿元人民币，2003年末成为央视标王。多年来，宝洁的各类产品极少出现被其他品牌挤出市场的情况，其根源就在于宝洁用自己的不同品牌占领了不同定位的市场。

在这里，大家看到的不仅仅是某一种产品的品牌竞争力，更多的是生产这些产品的厂家——宝洁公司的整体实力。这就是宝洁公司的品牌延伸策略所带来的成功经验。

案例分析

作为世界性成功企业，宝洁公司是实施多品牌战略的典范，宝洁的多品牌营销使每一个个性鲜明的产品都能满足不同消费群体的需要，从而使各个品牌都在消费者心目中留下深刻的印象，获得自己应有的市场定位。而且，由于品牌多，造成对竞争对手的包围攻势，有利于提高产品的竞争力，延长每个产品的寿命，还有利于在消费者心目中树立企业的形象，造成公司实力雄厚的感觉。

更加重要的是，宝洁的每个品牌都有自己的生存空间，市场也不会重叠。这一点值得企业借鉴。

营销忠告：在华为看来，营销的最高境界是品牌经营。华为认为，消费者在选择商品时，往往比较的就是品牌，品牌浓缩了一切，品牌集中了一切。随着产品的不断丰富，消费者对品牌的依赖也会随之加强。

※ 生命周期：产品是一个有限的生命

导入期

产品生命周期是指产品从试制成功投入市场开始，直到最后被淘汰退出市场所经历的全部时间，华为则给产品生命周期定义为："产品销售和利润在整个产品生命期间的变化过程"。产品生命周期的概念说明：

（1）产品的生命是有限的。

（2）产品的销售历史可分成数个阶段，营销商在每个阶段均将面临不同的挑战。

（3）在不同的产品生命周期阶段，产品的利润有上升的时候，也有滑落的时候。

（4）产品在其生命周期的不同阶段，需要有不同的营销、财务、制造、采购与人力资源策略。

每种产品的生命周期都有不确定的长度和特征。在产品的每个阶段，营销人员都会面临不同的挑战。

在导入期，由于新产品刚刚投放市场，企业存在两方面的困难。

一方面，消费者与经销商对新产品不了解、不信任，存有戒备心理。另一方面，这个时期的新产品生产无论是所使用的设备、工艺，还是工人操作技术的熟练程度与规范，都还未定型，存在着许多问题。

此时的产品质量不稳定，成本偏高。这也反过来增加了消费者与经销商对新产品的不信任。于是，许多新产品在这一阶段夭折了。

在这个阶段，产品的销售对象为早期使用型顾客，这一部分消费者求新、求异的心态很强。

导入期的定价，一般采用高价策略、低价策略或采用满意定价，并根据需求和竞争等情况，适当利用分期付款、特价优待、赠送样品、价格折扣等营销手段，扩大销售渠道，促进销量增长。

在这一时期，企业应根据投入期产品的特点，积极收集市场对新产品的反应，大力开展广告宣传活动，疏通销售渠道，千方百计打开销路，具体策略有：

（1）利用现有产品提携支持。如随同现有的已博得顾客好评的相关产品，免费赠送；将新产品与现有产品合并出售；利用现有产品标签、资料或广告附带宣传新产品，或将新老产品合并陈列等。

（2）利用特殊手段诱使试用。如将新产品免费供给一段时间；特价优待或到消费者处所免费示范或试用；免费传授使用、维修技术等。

（3）利用特殊手段诱使中间商经销。如采取寄售或其他手段，减少中间商进货的风险；给中间商独家经销权；提供广告津贴；派人员协助推销或为其训练推销人员等。

（4）利用其他促销手段。如进行大规模的广告宣传及其他刺激购买的方法，设法使相关团体中某些头面人物使用其产品，并加以宣传。

增长期

华为认为，新产品如果能够令市场满意，就能够进入增长期。新产品经过市场导入期以后，消费者对该产品已经熟悉，消费习惯也已经形成，销售量迅速增长，这些特征都说明产品已经进入了增长期。进入增长期以后，老顾客重复购买，并且带来了新的顾客，销售量激增，企业利润迅速增长，在这一阶段利润达到最大。随着销售量的增大，企业生产规模也逐步扩大，产品成本逐步降低，新的竞争者会投入竞争。随着竞争的加剧，新的产品特性开始出现，产品市场开始细分，分销渠道增加。

增长期是赢利的良好阶段，由于市场需求上升，竞争者还不多，企业可维持一个相对较高的价格和利润，增长期的价格通常较高，销量较大，平均利润水平应高于导入期、衰退期，甚至成熟期。在这个阶段，企业应注重定价策略和定价技巧的运用。比如，在导入期实行高价策略的产品，这时可适当降价，以吸引潜在的消费者；在导入期实行低价策略的产品，如果知名度提高了，可以把价格提起来，获得较高的单位产品利润。

在产品增长期，企业的营销策略的核心是尽可能延长产品的增长期。具体说来，可以采敢以下营销策略：

（1）狠抓产品质量，在“好”字上下功夫，完善质量保证体系，并以良好的包装与完善的服务与之配合，争创优质名牌产品。

（2）进一步扩大销售网点，渗透市场和开拓市场，适应广大顾客的需要，增加销售量。

（3）加强广告宣传，并从介绍产品转向树立产品形象，进一步扩大产品知名度，争创名牌，加强销售服务。

企业采用上述部分或全部市场扩张策略，会加强产品的竞争能力，但也会相应地加大营销成本。因此，在这一阶段，企业面临着“高市场占有率”或“高利润率”的选择。一般来说，实施市场扩张策略会减少眼前利润，但加强了企业的市场地位和竞争能力，有利于维持和扩大企业的市场占有率，从长期利润观点来看，更有利于企业的发展。

成熟期

大家都知道，新产品一旦推出后，它在市场上的销售量和能获得的利润，会随着时间的演进而发生变化。华为认为，产品进入成熟期的标志是产品销售增长达到某一点后逐渐放慢销售增长速度。他指出，成熟期一般比前几个阶段的时间长，同时，成熟期也向营销机构提出了挑战。

1. 成熟期的3个阶段

（1）成长中的成熟。此时，由于分销饱和造成销售增长率开始下降。虽然仍有部分潜在购买者继续进入市场，但已没有新的分销渠道可开辟了。

（2）稳定中的成熟。由于市场已经饱和，使销售趋于稳定。大多数消费者已试用过该产品，未来的销售将受人口增长率和平均需求所支配。

（3）衰退中的成熟。此时由于购买者开始转向其他产品或替代品，销售的绝对水平开始下降。竞争者都在想方设法（如减价、广告等）打开销路，以摆脱困境，有些较弱的竞争者开始退出市场。最后，该行业由一些地位牢固的竞争者占据。

2. 成熟期的策略

在这个阶段，价格竞争和非价格竞争达到高潮，各竞争者的价格逐渐趋于一致。这时企业应针对需求差异，灵活采用定价方法，稳定销量和利润。不管以前实行的是高价策略，还是低价策略，这时应根据市场情况，作不同程度的降低。至于降幅大小，要根据竞争和价格弹性而定。降幅过小，不足以阻止竞争、刺激需求；降幅过大，又可能给企业增加损失，也可能引起消费者怀疑产品的质量，还可能引起竞争者的报复。

改变价格要非常慎重，最稳妥的办法往往是实行流行价格，在这一时期的非价格竞争地位已取代价格竞争地位。

华为指出，这一时期，一些较弱的中小企业开始被淘汰，行业内最终只剩下善于防守的企业。企业可以通过调整市场、调整产品和调整营销组合的策略，使成熟期延长，或使产品生命周期出现再循环。

（1）调整市场。这种策略不是要改变产品本身，而是发现产品的新用途或改变推销方式等，以使产品销售量得以扩大。

（2）调整产品。这种策略是以产品自身的改变来满足顾客的不同需要，吸引有不同需求的顾客。整体产品概念的任何一层次的改进都可视为产品再推出。

（3）调整营销组合。即通过对产品、定价、渠道、促销 4 个市场营销组合因素加以综合改革，刺激销售量的回升。比如提高产品质量、改变产品性能、增加产品花色品种的同时，通过特价、早期购买折扣、补贴运费、延期付款等方法来降价让利；扩大分销渠道，广设销售网点，调整广告媒体组合，变换广告时间和频率，增加人员推销，加强公共关系等“多管”齐下，进行市场渗透，扩大影响，争取更多的顾客。

衰退期

大部分产品和品牌的销售最后都会步入衰退的阶段。销售的衰退可能是缓慢的，也可能加速衰退。华为指出，衰退期的产品销售量可能下降为零，或者下降到某个水平后持续多年。销售衰退的原因很多，诸如技术的进步、消费者口味的变化、国内外的竞争日益激烈等因素，都可能造成产能过剩、销售下降的情况，使利润大受侵蚀。

在衰退期，市场呈现出如下特点：产品销售量由缓慢下降变为迅速下降，消费者的兴趣已完全转移；价格已下降到最低水平；多数企业无利可图，被迫退出市场；留在市场上的企业逐渐减少产品附带服务，削减促销预算等，以维持最低水平的经营。

华为指出，企业在处理衰退期产品时，主要面临着三大决策任务，即确定处在衰退期的产品，然后决定收回还是放弃这些产品的决策任务。

1. 确定衰退期产品

确认产品是否进入衰退阶段，要认真地进行市场调查，注意可能存在的一些假象，正确判断产品是否进入衰退期。

2. 确定衰退期产品的策略

有的企业希望竞争对手先退出该行业，而自己则继续在一段时间内维持该产品，这时该企业可采取3种策略，使企业不受大的损失。

（1）连续策略。连续沿用过去同样的市场、渠道、价格和促销活动，把销售维持在一个低水平上，使产品自行衰退，直至自动结束。

（2）集中策略。将原来投入的资源集中于一些最有利的细分市场和分销渠道中，缩短经营战线，以便在最有利的市场上获得尽可能多的利润。

（3）榨取策略。大幅度地降低营销费用，以增加眼前利润。其实这样做也加速了产品的衰退进程。

3. 放弃决策

有的企业决定从产品系列中放弃该产品，这时它面临着进一步的决策：

（1）必须决定是把产品出售还是转让给别人或者完全抛弃。

（2）必须决定是迅速还是缓慢地放弃该产品。

（3）必须决定为从前的顾客保留多少零部件的库存和维修服务。

（4）必须决定是否做广告以通知顾客。

虽然，产品生命周期概念被广泛运用到营销活动中，但华为同时指出并非所有的产品都有S形生命周期曲线，因为一些产品刚上市便很快消失，也有的产品会有很长一段成熟期，另外有的衰退期的产品能通过再定位等方式重新返回到增长期。

营销经典："无声小狗"生命周期策略

美国澳尔·费林环球股份有限公司(以下简称费林公司)，在1903年前是一个皮革、皮鞋的供应商，1903年以后，开始从事皮革和皮鞋的生产。1950年以前，它的主要产品是马皮及马皮制作的鞋。后来，由于马匹减少，该公司决定开发猪皮来代替马皮。猪皮制作的鞋穿起来比较舒服，并且防汗、耐潮，不易变质，更重要的是猪皮资源充足。所以费林公司凭借已有制作各种皮革的经验，率先采用猪皮来制鞋。

但是，剥猪皮在当时是项困难的工作，不如剥马皮和牛皮那么容易。一个熟练的工人需要半个小时才能宰杀一头猪并剥下猪皮，而肉食加工厂每小时要加工600头猪，剥猪皮实在是时间太长。为此，该公司花费了200多万美元和相当长的时间对剥皮机器进行试验，改进了原有的猪皮加工机，终于攻克了剥猪皮这个难关，研制出了独特的高级快速剥皮机，每台机器一小时就能剥下460张猪皮。

公司根据潜在顾客的需要，决定将制鞋业投向穿着舒适的皮鞋市场。1957年，他们生产出有11种颜色、鞋底和鞋帮结合的男式便鞋，向农村和小镇试销，非常成功。到1958年，公司给鞋子起名为“无声小狗”，意指此鞋穿上去十分轻便，走起路来没有任何声响。同时，该公司还设计了一个长着忧郁的眼睛，耷拉着耳朵的矮脚猎狗作为广告标志。从此，这一新产品诞生了。

于是，澳尔·费林公司成为第一个大批量用猪皮制鞋的公司。

一般来说，产品在投入期遇到的困难是知名度不高，市场占有率和销售增长率都很低。“无声小狗”这一品牌的鞋也遇到了这一困难。同时，它还面临着目标市场和渠道转变的困难，因为该公司原来的产品主要是马皮鞋，卖给农民。马皮鞋子的特点是结实、抗酸。现在“无声小狗”则强调舒适，消费对象是城市和郊区农民，因而原有的销售点、销售网及推销员都不能适应这种文化。

针对上述两大困难，费林公司采取了正确的促销策略。首先，它加强了广告宣传。其“无声小狗”鞋广告，主要刊登在发往35个城市的《本周》杂志上，并通知销售经理：如果6周内能在35个城市设立600个新零售点，公司即批准拿出销售额的17%用做其广告预算。其次，在1958年8月，该公司调回分散在各地的推销人员，集训一个多月后，再将他们派往35个城市，集中力量掀起了“无声小狗”的推销高潮。所有推销人员忘我地工作，每人都带着11种不同颜色的样品鞋，向潜在顾客表演猪皮鞋如何防酸、防雨和防污，一时间推销人员成了人们关注的中心人物，销路终于打开了。

从打开销路到成为名牌，“无声小狗”使用了3年时间。在这3年中，公司的广告费用急剧增加，平均广告费用为销售额的7%，1961年，“无声小狗”已成了家喻户晓的名牌。由于这一时期“无声小狗”开始供不应求了，费林公司将价格由每双的7.95美元提高到了9.95美元，同时确定了重点经销商。到1962年底，款式不但有女式便鞋，而且还开发了5岁以上儿童的各式猪皮便鞋。销售量在这一时期猛增，但仍供不应求，工人一天三班倒着干活，采购人员忙着采购更多的猪皮。

1963年，销售额的增长率趋缓，产品开始跨入成熟期，公司和广告商开始较详细地调查消费者购买"无声小狗"便鞋的资料。通过调查，他们发现有61%的成年人知晓"无声小狗"便鞋，但只有10%的成年人买过一双。买主的平均收入较高，也有较高的文化水平。例如，所有购买"无声小狗"便鞋的调查对象中，年家庭收入在5000～7500美元的占51%；7500～10000美元的占28%；10000美元以上的占21%（当时这种收入属高水平）。他们当中大多数是专业人员或技术工人，购买的主要原因是由于"无声小狗"穿起来舒服、轻便和耐穿。从此，公司真正了解了人们购买"无声小狗"便鞋的主要原因以及买主的经济收入和教育水平情况。

于是，针对消费对象，公司采取了以下策略：首先，继续扩大广告范围。在多种报纸杂志上大力宣传，从1964年起，开始采用电视广告，在"今日"和"今夜"两个黄金时间栏目内做广告宣传，同时还增加了13种杂志广告，将影响进一步扩大到新的目标市场。其次，强调"无声小狗"鞋的特点是舒适，在1965年打出"穿上无声小狗便鞋，使人行道变得更柔软"的宣传主题口号。再次，继续拓展销售渠道，发展新的零售点。这时，它已拥有1.5万个零售点，主要是鞋店和百货公司，同时还使一些实力非常强的竞争对手也成了费林公司的最大买主，"无声小狗"便鞋通过它们的零售店出售。

在这一阶段后期，由于成本提高，产品价格涨到了 11.95 美元，但由于鞋子的质量好，比竞争对手的成本低，总销售量仍然上升，1965 年，“无声小狗”的售卖和利润都达到了巅峰阶段。

从 1966 年开始，“无声小狗”便鞋的总销售量、利润开始逐年下降，特别是年销售增长率出现了急剧下降的势头。1966 年比 1965 年下降了 12 个百分点，利润额也下降了 21%，到了 1968 年，形势更加严峻。销售额更是一落千丈，简直令人无法相信昔日曾有的辉煌。除了竞争更加激烈，原料成本上涨的因素外，更主要的是消费者很少重新购买，原因是穿过一段时间后的顾客不像刚买鞋的新顾客那样喜欢经常穿它，同时，鞋子质量很好，不易穿坏，因而影响再买新鞋。

公司对男鞋消费者的调查表明，购买“无声小狗”鞋的原因，有 60% 的人认为舒适，而不愿购买的原因有 47% 的人是由于不喜欢它的款式，公司对女鞋的调查也得到了类似的结果。

该公司的经理们为销量的下降伤透了脑筋，他们仍认为“无声小狗”便鞋的特点似乎应该是舒适，根据以前的促销经验，他们对重新唤起人们的购买热潮仍有信心，但采用什么样的广告形式还得考虑，有一点是肯定的，即产品款式是一定要更新了。澳尔·费林经营者认识到，应该开发新的品种了，也许是“无声大狗”也是许是“有声哈狗”，不过有一点是肯定的，原有的“无声小狗”已经退出历史舞台了。

就这样，费林人一步一个脚印，在“无声小狗”成长、成熟和衰退的过程中，赚足了该赚的钱。

案例分析

产品的生命周期取决于市场，而不是取决于产品本身的品质。如果市场已经不需要某种产品，即使它是刚刚生产出来的，即使它的品质十分优良，它也没有生命了。“无声小狗”便鞋从开发到衰退，我们可以看出一种产品在其产品生命周期的各个阶段所采用的市场营销战略。

产品投入期，“无声小狗”通过广告宣传，提高产品的知名度，打开销路；产品成长期，它通过扩大产品线推出女鞋、儿童鞋，而且扩大广告范围使“无声小狗”成为美国名牌；产品成熟期，“无声小狗”又增加电视广告，增加零售网点，使它虽然成本增大、价格上涨仍然利润很高；产品衰退期，它无能为力，只好放弃，这也是一个很好的策略。

费林人正是按照产品生命周期各个阶段的不同策略，实现了可观的利润。

营销忠告：每一种产品都会经历一次生命周期：导入期、增长期、成熟期、衰退期。企业应该利用产品生命周期概念设计出不同生命周期阶段的好的营销战略。

※ 新产品的设计与营销

产品概念的设计

企业必须开发新产品，但很多新产品都不容易成功，为了解决这个问题，华为建议企业认真制订新产品开发计划，并找到系统的新产品开发程序。华为认为，开发新产品首先要解决的问题应该是产品概念的设计，设计产品概念又分为以下几个步骤。

1. 寻求创意

新产品开发过程是从寻求创意开始的，所谓创意就是开发新产品的设想。虽然并不是所有的设想或创意都可变成产品，寻求尽可能多的创意却可为开发新产品提供较多的机会。所以，现代企业都非常重视创意的开发。华为提醒企业，必须系统而不是任意地搜寻创意。

新产品创意的主要来源有：顾客、科学家、竞争对手、企业推销人员和经销商、企业高层管理人员、市场研究公司、广告代理商等。此外，企业还可以从大学、咨询公司、同行业的团体协会、有关报刊媒体那里寻求有用的新产品创意。一般说来，企业应当主要靠激发内部人员的热情来寻求创意。这就要求建立各种激励制度，对提出创意的员工给予奖励，而且高层主管人员应当对这种活动表现出充分的重视和关心。

2. 甄别创意

取得足够创意之后，要对这些创意加以评估，研究其可行性，并挑选出可行性较强的创意，这就是创意甄别。创意甄别的目的就是淘汰那些不可行或可行性较低的创意，使公司有限的资源集中于成功机会较大的创意上。甄别创意时，一般要考虑两个因素：一是该创意是否与企业的战略目标相适应，表现为利润目标、销售目标、销售增长目标、形象目标等几个方面；二是企业有无足够的能力开发这种创意，表现为资金能力、技术能力、人力资源、销售能力等。

3. 建立产品概念

产品概念的建立是指将有价值的构思进一步转化为具体的产品形态，这种形态主要是从顾客的角度来观察。它可以用文字、图形、模型等给予体现。同一构思可以转化为多种产品形态。如对某个老年滋补品的构思，可以设计以人参为主要成分，也可以以鹿茸或蜂王浆为主要成分，可以是粉状品，也可以是晶体或液体等状态。在产品构思概念过程中，也会淘汰部分不适宜的构思。

企业在建立产品概念时，要以整体产品概念为基础，从产品核心功能、实体形式、包装、服务等各方面加以考虑。产品构思的概念化，是企业对此构思的解释，也可以看成是顾客心目中对此构思的理解，所以企业在进行这阶段工作时，要以潜在顾客的需求为标准，决定产品应是何种形象，哪些部分要重点突出，以及开发是否要停止在该阶段。

新产品的开发与试销

确定了新产品的概念后，新产品就进入开发阶段，在新产品开发之前，企业还应该进行一系列的分析，并制定相应的战略。

1. 制定市场营销战略

形成产品概念之后，需要制定市场营销战略，企业的有关人员要拟定一个将新产品投放市场的初步的市场营销战略报告书。报告书由3个部分组成：

（1）描述目标市场的规模、结构、行为，新产品在目标市场上的定位，头几年的销售额、市场占有率、利润目标等。

（2）简述新产品的计划价格、分销战略以及第一年的市场营销预算。

（3）阐述长期销售额和目标利润以及不同时间的市场营销组合。

2. 商业分析

当企业发展了新产品概念和营销战略，就可以对该产品概念作商业吸引力评价——复审销售量、成本和利润预计，以确定它们是否满足企业的目标。

（1）估计销售量。销售量估计方法取决于它们究竟是属于一次性购买的产品（如订婚戒指），还是属于非经常性购买的产品，或经常性购买的产品。

一次性购买的产品，开始时销售量上升，到达高峰，然后当潜在的购货人逐渐减少时销售下降而逐渐趋近于零。

经常性购买的产品，例如消费者和企业购买的非耐用品，开始时，首次购买人数逐渐增加，然后递减到剩下为数较少的购买者（假设人口固定）。如果该产品使某些顾客深感满意，他们就会成为稳定客户，此时重复购买很快就产生了。这要估计首次销售量、更新销售量和重购销售量。

（2）估计成本和利润。做好销售预测后，企业就要估计产品开发预期的成本和利润。研究开发部门、制造部门、营销部门和财务部门对这些成本进行估算。

3．产品开发

如果产品概念通过了营业分析，研究与开发部门及工程技术部门就可以把这种产品概念转变成为产品，进入试制阶段。只有在这一阶段，以文字、图表及模型等描述的产品设计才变为实体产品。这一阶段应当搞清楚的问题是，产品概念能否变为技术上和商业上可行的产品。如果不能，除在全过程中取得一些有用副产品即信息情报外，所耗费的资金则全部付诸东流。

4．市场试销

新产品样品经过部分消费者（或用户）试用基本满意后，企业通常根据改进后的设计进行小批量试生产，在有选择的目标市场上做检验性的试销。同时，深入调查经销商和顾客，再进一步改进设计或生产情况。试销不仅能增进企业对新产品销售潜力的了解，而且有助于企业改进市场营销策略。如从市场试销中，观察试用率（即首次购买的比率）和再购率（即重复购买的比率）的高低，对及时了解新产品能否销售成功有着重要意义。

新产品上市营销决策

新产品经过试销后，企业营销人员就应该总结经验，进入新产品的正式营销。

华为认为，在这一阶段，企业高层管理者应当作以下决策：

1．推出的时间

企业高层管理者要决定在什么时间将新产品投放市场最适宜。例如，如果某种新产品是用来替代老产品的，就应等到老产品的存货被处理掉时再将这种新产品投放市场，以免冲击老产品的销售，造成损失。如果某种新产品的市场需求有高度的季节性，就应在销售季节来临时将这种新产品投放市场。如果这种新产品还存在着可改进处，就不必仓促上市，应等到完善之后再投放市场。

2. 推出的地点

企业高层管理者要决定在什么地方（某一地区、某些地区、全国市场或国际市场）推出新产品最适宜。能够把新产品在全国市场上投放的企业是不多见的。一般是先在主要地区的市场推出，以便占有市场，取得立足点，然后再扩大到其他地区。因此，企业特别是中小企业须制订一个市场投放计划。在制订市场投放计划时，应当找出最有吸引力的市场先投放。选择市场时要考察这样几个方面：市场潜力；企业在该地区的声誉；投放成本；该地区调查资料的质量高低；对其他地区的影响力以及竞争渗透能力。此外，竞争情况也十分重要，它同样可以影响到新产品商业化的成功。

3. 推出的目标

企业高层管理者要把分销和促销目标面向最优秀的顾客群。这样做的目的是要利用最优秀的顾客群带动一般顾客，以最快的速度、最少的费用，扩大新产品的市场占有率。企业高层管理者可以根据市场试验的结果发现最优秀顾客群。对新上市的产品来讲，最优秀的顾客群一般应具备以下特征：他们是早期采用者；他们是大量使用者；他们是观念倡导者或舆论领袖，并能为该产品做正面宣传。当然，完全具备这几个特征的顾客为数很少，企业可以根据这些标准为不同的顾客群打分，从而找出最优秀的顾客群。

4. 推出的方法

企业应决定要在市场营销组合各因素之间分配营销预算，确定各项营销活动的顺序，有计划地开展营销活动。

同时，华为也提醒企业为了使产品更快进入市场，应适时放弃这种产品开发程序。如“随身听”的问世就是非程序性开发的例子。开发一种能随身携带和听磁带的录音机的构思是索尼公司的董事长提出来的，但企业的有关人员都认为这是一个没有开发价值的设想。他们认为，人们听惯了立体声后，对这种只有一个声道的录音机一定不感兴趣，没有人愿意购买。但在公司董事长、总裁坚持要开发并表示由他们承担后果的情况下，企业开发出了这个产品，投入市场后取得了出人意料的成功。如果按照程序化的开发程序，这个构思肯定只有被淘汰出局，现在是否有“随身听”这种产品也未知。

营销经典：健力宝新产品“第五季”

健力宝品牌自从1984年创办以来，有着很长一段时间的辉煌。但是，在市场竞争日益激烈的今天，健力宝渐渐被挤出市场，健力宝公司在认真分析了存在的诸多问题后，又重返市场。2002年5月，健力宝集团推出了“第五季”果汁饮料，之后又力邀日本当红明星滨崎步为品牌做形象代言人，领导多品种产品上市，这些产品包括果汁、茶、水和VC碳酸饮料等四大系列30多种产品。

2002年5月，健力宝公司，推出定位在“健康的休闲饮料”的全新品牌“第五季”。8月，为了解决健力宝主品牌形象保守、老化的问题，健力宝主品牌进行了品牌重塑，推出以“超凡竞赛，超凡动力”为核心的新形象。

为了迎合“第五季”的新鲜出炉，健力宝在2006年世界杯的黄金广告位上，一掷3000万。在“第五季”的广告中，人们再也看不到健力宝的影子。一群酷酷的跳着街舞的各种肤色的动感青年，似乎在模糊健力宝的“体育饮料”的概念。世界杯期间，伴随第五季广告的狂轰滥炸，第五季的终端行动也大肆展开。广州的大街小巷的“士多店”布满了健力宝第五季的“旗帜”，赞助各类时尚运动的促销活动也浩浩荡荡地展开。与此同时，渠道体系的变革也风风火火地进行着。

健力宝一改以往所注重的大批发、大流通渠道，全面实行经销商合作伙伴制，通过零售终端大面积的品牌旗舰店建设，这被健力宝内部人士称为“零售终端争夺的第一战”。本来计划一年内仅仅建立起5000家品牌旗舰店，实施深度覆盖，迅速树立健力宝“第五季”的品牌形象，但是出乎人们的意料，良好的效果让健力宝一发不可收拾，如今早就投入使用10000家。

健力宝将目光瞄准所有具备条件的综合小店，不管是可乐的、康师傅的、统一的，都被健力宝撬来做旗舰店，从店头设计到产品陈列甚至影响了周围的零售小店，这一笔不小的金钱投入绝对是花在了刀刃上。

第五季意欲以一个抽象概念游离于春夏秋冬四季之外的时空概念“第五季”涵盖产品，使品牌的涵盖力更强，不为流行口味所左右，同时也能实现渠道、广告等多种资源的共享。可以看到，从第五季的品牌定位到品牌策略，第五季都采取了很多突破常规的做法。借助这一策略引发起市场的突破性进展，正是健力宝集团所期望的效果。

案例分析

一个公司赢得市场、获得消费者青睐、击败竞争对手的法宝之一就是不断推出新产品，并使之适应市场需求。健力宝的第五季之所以能在市场上占有一席之地，关键在于其重新定义了产品的品牌形象，在市场推广上也采取了很多突破常规的做法。但任何产品在市场上都不会长盛不衰的。因此，企业必须不断开发新产品，这样才能在激烈的市场竞争中立于不败之地。

营销忠告：一个公司赢得市场、获得消费者青睐、击败竞争对手的法宝之一就是不断推出新产品，并使之适应市场需求。因此，企业必须不断开发新产品，这样才能在激烈的市场竞争中立于不败之地。

第6章　价格博弈战

从心理学的角度来说，砍价代表着客户怎样的心理呢？因为大多数消费者都有怕自己吃亏、上当受骗的心理，他们害怕自己被销售员“宰”了，于是，为了平衡自己的心理，保护自己的利益，他们就开始讨价还价。

※ 唯一不同是价格

1. 以低价进入市场

在华为创业初期，低价策略曾经一度是华为公司在国内外市场竞争中制胜的一个重要法宝。即使到了今天，华为在一些关键性的招投标中偶尔还是会使用这个武器，在性能方面均等的情况下，争取用价格压倒对方。

在“七国八制”的20世纪80年代，由于当时全国上下，从农话到国家骨干电话网用的全是国外进口的设备。其产品较为高档、售价高昂销售大都集中在大城市，在县级城市和乡镇则比较少，因此国外公司的办事处一般设在省会城市，一年接一张大单也就够了。对于刚刚发展起来的华为来说，大中城市市场只能是奢望，倒是由于农村市场线路条件差、利润薄，国外厂商都不屑去发展。华为就抓住了这一个机会，占领了这一市场的大部分份额，并随着公司的壮大和市场的做大，逐步侵蚀了原来由国外厂商占据的城市市场。

华为采取的手段并不难理解，一是派销售员全部深入到县级和乡镇市场，在做透了当地市场后继续进攻到市级、省级，直到国家级的骨干网市场；二是低价策略，这也是当时最有效的市场攻伐手段。华为的这种开拓市场的方式后来被称为“农村包围城市”，可以说是任正非对毛泽东战略思想在商业战争中的灵活运用。

1999年以前，上海贝尔控制了四川90%的市场份额，几乎已经达到了垄断的地步。但是华为还是选择逆流而上，啃下这块硬骨头。华为的做法是不和上海贝尔发生正面的价格冲突战，而是采用迂回战术，把自己的接入网免费送给四川各电信部门使用。首先从感情上和用户拉进了距离，这样做即使华为的这一业务打进四川，而且也没有引起上海贝尔太大的反应。

接着，华为按照既定的目标继续前进，在免费接入网的基础上又将所有的新增点也尽收囊中，这样一来，华为在四川省运行的设备数量逐渐赶了上来。使用华为免费接入网的用户在购买新机型的时候，考虑到制式和性能稳定性的问题，自然会把华为的交换机作为自己的首选。华为以此实现了和上海贝尔在四川市场并存的局面。

以后，凭借这种方式，华为硬是从上海贝尔的嘴里把四川的市场抢了下来。目前，质优价廉的华为产品已经占到了四川新增市场 70% 的份额，其优质的服务水平更是深入每一个客户的心中。

在后来的国际化进程中，华为的这一低价入市的手段同样发挥了很大的作用。1993 年，华为就在硅谷建立了一个芯片研究所。1999 年，华为在美国的通讯走廊达拉斯开设了一个研究所，专门针对美国市场开发产品。到了 2002 年 6 月 4 日，华为在美国得克萨斯州成立全资子公司 FutureWei，以低价向当地企业销售宽带和数据产品。比如，智能网国内 6 元人民币，国外 15 美元到 40 美元一线。其价格优势来自低成本。华为的研发人员，拿到的工资是欧美国家同类人员的 1/5 到 1/4。华为公司的芯片设计能力已达 0.13 微米，以前芯片进口需 200 美元一片，现在自己设计、到美国加工生产，只要 10 多美元一片。

华为就是这样把产品的价格作为营销策略中一个强有力的武器，在迅速拉拢客户的同时达到排挤竞争对手的目的。形成并确立一个相对封闭的适合自身发展的目标市场，迅速取得市场优势，提高市场占有率。

2. 运用低价打压对手

华为对低价的运用简直到了出神入化的地步。例如，极不愿意丢掉项目，也不愿意过于跌价的情况下华为也会使用低价策略。当几家企业竞争一个项目的时候，华为会事先对该项目的一切成本利润额做出详细的估算，待到报价的时候，紧紧咬住对手，一旦低于自己所能承受的最低价位，并不急于退出竞标，而是继续向下压低价位，且每次压价的幅度较小，一步一步让对手在毫无察觉的情况下做一个赔了本还赚不来吆喝的买卖。某些时候华为还会在对手无法收场的情况下站出来把自己事前定好的价格给招标方，反败为胜。

一个经典案例就是 1997 年，一家在当时来看几乎没有效益的矿务局为其全网改造进行招标，华为当时也参与了竞标。但是在竞标的过程中华为发现该矿务局的付款方式有明显的拖款嫌疑，并且有一个新进入行业不久的竞标对手急于想通过这个项目在煤炭行业站稳脚跟，因此一上来就把价格压得很低。当时已经在煤炭系统拥有 90% 以上市场占有率的华为并没有退出竞标，而是不露声色的继续参与报价，在第二轮报价开始的时候，华为的报价就已经低出了原先的预定。最终，华为让对手以低于成本价外加很多额外服务为条件赢得了这次竞标，但最后的结果是，矿务局没有现金支付，中标的企业拒绝装机，使双方都竹篮打水一场空。华为所实施的价格阻击对手的策略为企业拓展市场、发展客户起到了不可估量的作用。

当然，华为很清楚，低价虽然是竞争制胜的一种好方法，但它不可能永远制胜，所以在运用时华为一般都会慎之又慎。在发展初期，华为运用价格战是为了淘汰市场中处于劣势的企业，可是经过价格战之后，留存下来的都是非常有竞争力的企业。在这种情况下，华为不会再使用低价策略，因为价格竞争既很难打击对手，又会影响到自己的长期利润。华为当然不愿意做损人不利己的事情。

3. 打破价低质劣的魔障

像国内其他企业一样，华为在海外市场的竞争力首先体现在价格上。

在一些相对落后的市场，华为的价格策略为其开疆辟土发挥了很重要的作用。例如，非洲大陆的通信水平一向相对滞后，所以直到 20 世纪 90 年代末期，世界上一些主要的通信设备供应商才将目光瞄准这片急待开发的土地。由于非洲国家的经济水平普遍比较低下，且研发实力薄弱，而海外厂商开出的设备安装使用费又实属天价，因此非洲大陆的电信网络覆盖面积一直没有实现质的飞跃。

在进军非洲大陆之前，华为已经对当地市场进行了细致的调查，熟知当地情况。同时考虑到自身在双频网的技术功能方面和其他海外运营商差别不大，所以华为主动降低自己产品的报价，使其和其他大的运营商相比具有明显的优势。并且华为免费提供完善的产品服务体系，最终取得和非洲南部地区的主流运营商 MTN 合作的机会。采取相同的方式，华为一路攻城略地，顺利打开了南非、尼日利亚、乌干达、喀麦隆等主要南非国家的电信市场，拥有了将近 200 万无线用户，占据了这些国家绝大多数的双频网络份额。

随着华为在各个国际市场的深耕，华为也渐渐意识到价格策略只能作为华为进入新市场的一个手段。而在进一步开拓国际市场的成长阶段，价格策略则不利于华为打造一流电信商的品牌形象。这样华为确定了开拓国际市场的基本宗旨，即："以守为攻，把市场封闭起来，让对手针插不进，水泼不入，不给对手以可乘之机"。也就是说华为牢牢占据有利的位置，使自己的产品在市场中有较高的占有率。为了继续保持这种高占有率，华为采取了一些有效策略：

（1）市场人员主动发现并制定出弥补产品市场漏洞的办法，不断地提高华为的产品质量和产品的诚信力度，把售后服务做到完美，提高客户的满意度，并且利用自己的产品在配套方面的组合优势给消费者以先入为主的感觉，主动给客户降低价格，阻止新竞争者进入。

（2）利用产品组合优势封杀对手的进攻机会，在价格上不给对手以可乘之机。

（3）牢牢地抓住每一个现实的和潜在的客户，让他们切实感受到华为的产品的确是价廉物美。

营销忠告：以低价打开市场，以完备的客户解决方案保障客户满意度，在发展到一定程度，将核心竞争力由低价转换为产品本身，从而提高利润，获得行业领头人的位置。在低价时仍要保障相应的利润，以避免拖杀企业的发展，一方面源自于中国人力成本低廉，即使以国内的高工资优选人才，仍然是远低于国际厂商的人力成本，核心便是低成本研发；另一方面便是通过一些独有的技术方案和市场方案大幅降低整体解决方案的成本。

※ 定价要考虑的因素

营销目标和成本是企业定价的核心。

企业定价受到多种因素的影响，其中营销目标和成本是企业定价的核心考虑因素。在华为看来，企业对它的目标越清楚，就越容易制定价格，而成本则决定了产品价格的下限。

1. 不同营销目标的定价策略

（1）生存。在市场竞争日益激烈、消费者需求不断变化的情况下，企业需要把维持生存作为主要目标。为了确保工厂继续开工和存货出手，企业必须制定较低的价格，利润比起生存来要次要得多。为了继续留在行业中，许多企业的价格只能弥补可变成本和一些固定成本。华为提醒企业，生存只能是一个短期目标。学会怎样增加价值才是长久之道。

（2）现期利润最大化。有些企业把制定一个能使当期利润最大化的价格当作目标。它们估计需求和成本，并据此选择一种价格，使之能产生最大的当期利润、现金流量或投资报酬率。假定企业对其产品的需求函数和成本函数有充分了解，则借助需求函数和成本函数便可制定确保当期利润最大化的价格。

（3）市场份额领导。有些企业希望通过降低价格来拥有最大的市场份额，因为，企业确信赢得最高的市场占有率之后将享有最低的成本和最高的长期利润，所以，企业制定尽可能低的价格来追求市场占有率领先地位。企业也可能追求某一特定的市场占有率。当具备下述条件之一时，企业就可考虑通过低价来实现市场占有率的提高：

①市场对价格高度敏感，因此低价能刺激需求的迅速增长。

②生产与分销的单位成本会随着生产经验的积累而下降。

③低价能吓退现有的和潜在的竞争者。

（4）产品质量领导。企业也可以考虑在市场上产品质量领先这样的目标，并在生产和市场营销过程中始终贯彻产品质量最优化的指导思想。采用这一营销目标时，华为提醒企业，要取得产品质量领导地位，一般就意味着要制定较高的价格来补偿企业为此投入的各种成本。因此，采用这一策略时，企业应更多考虑综合营销效果。

2. 成本

成本是产品定价的底线。从长期来看，任何产品的价格都应高于所发生的成本费用，在生产经营过程中发生的耗费才能从销售收入中得到补偿，企业才能获得利润，生产经营活动才能得以继续进行。华为指出，许多企业为降低成本奋斗，主要是因为低成本往往能带来低价格，从而取得较高的销售量和利润额，华为介绍了两种形式的成本。

（1）固定成本。指在某一段时期内，不会随着产品产量的变动而变动的费用支出，如设备和厂房的折旧费、员工的固定工资、某些管理费用等。这些费用项目的总体支出水平在短期内是相对固定的，即使企业没有生产产品，也需要支出，而产量增加时，这部分支出并无显著增加。

（2）变动成本。指企业在生产经营中随着产品产量变动而变动的费用开支，如计件工资、原材料费用等。这些费用可以直接计入产品成本，不必采用分摊的方式。一般来讲，在一段时期里变动成本总量增长的速度与产量增长速度是基本同比例的。但产量增加到一定水平时，可能会因为要支付加班工资、聘用不熟练工人、使用品质较低的原材料等原因，而导致变动成本总量增长的速度加快。

产品的总成本就是固定成本与变动成本之和。

华为提醒企业，必须要审慎地监督好成本，如果成本过高，企业势必会在激烈的市场竞争中处于劣势。

不同的市场类型要有不同的定价

企业的产品定价要考虑的因素不仅仅是营销目标和生产成本，它还要随着不同的市场类型发生变化。华为针对4种不同的市场类型提出了不同的市场定价策略。

1．完全竞争市场

在这种情况下，市场上经营同类产品的企业很多，而且都没有足够的能力来影响现行价格，任何一个企业的产品销量在市场上的增减变动，对整个市场的影响微不足道。不同企业生产销售的同类产品具有很强的同质性，顾客不易加以区分。企业进入或退出这个行业也较为容易。

这种市场的竞争程度很高，企业基本无法控制自己产品在市场上的售价，产品价格主要是由市场上的供求关系所决定，企业仅能被动地接受。因此，华为建议，在完全竞争的市场条件下，企业没有必要在营销战略上花许多时间。

2．寡头竞争市场

寡头竞争市场中只有少数几家销售商，它们所生产和销售的某种产品占这种产品的总产量和市场销售总量的绝大比重，它们之间的竞争就是寡头竞争。显然，在这种情况下，它们有能力影响和控制市场价格。在寡头竞争的条件下，各个寡头企业是相互依存、相互影响的。华为指出，在这种情况下，各个寡头企业对其他企业的市场营销战略和定价战略要非常敏感，因为任何一个寡头企业调整价格都会马上影响其他竞争对手的定价政策，因而任何一个寡头企业作决策时都必须密切注意其他寡头企业的反应和决策。

寡头竞争的形式有两种：

（1）完全寡头竞争。在这里，各个寡头企业的产品都是同质的（如钢铁、石油、轮胎等）。用户对这些企业的产品并无偏好，不一定买哪一家企业或哪一种品牌的产品。例如，用户购买钢材时可按钢种、型号、规格等技术指标订货，而不一定是哪一家公司的钢材。因为用户认为这些寡头企业是无区别的，所以完全寡头竞争又叫作无区别的寡头竞争。在完全寡头竞争的条件下，每一个寡头资本家都时刻警惕着其竞争对手的战略和行动。如果某一家寡头企业降低产品价格，用户就会纷纷转向这个企业，这样就会使其他几家寡头企业不得不随之降价或增加服务。在这种情况下，这家寡头企业就要考虑是否降价，因为如果它降价，其竞争对手必然随之降价，结果谁也没有得到好处，最多只能吸引一些新顾客。反之，如果某一家寡头企业提高产品价格，其竞争对手绝不会随之提价，在这种情况下，这家寡头企业必然撤销提价，否则就会失去很多顾客。所以，在完全寡头竞争的条件下，整个行业的市场价格较稳定，但各个寡头企业在广告宣传、促销等方面竞争较激烈。

（2）不完全寡头竞争。在这里，各个寡头企业的产品（如汽车、电脑等）都有某些差异。因此，从顾客方面说，他们认为这些企业的产品是有区别的，对这些产品有所偏好，这些产品是不能互相代替的，所以这种寡头竞争又叫作差异性寡头竞争。从寡头企业方面来说，每一个寡头企业都千方百计地使自己变成有区别的寡头，使顾客深信任何其他寡头企业的产品都不如它的产品好，不能代替它的产品。这样可以将本企业的有区别的名牌产品的价格定得较高，以增加赢利。

3．完全垄断市场

在这种市场结构中，一个行业只有一个销售商，它完全控制了该产品的市场，市场上也不存在该产品的替代品。由于种种原因，其他企业难以进入该市场。

这种市场基本不存在竞争，企业可以根据自己的意图制定产品价格。企业为了提高利润率，往往会通过减少对市场的供应量，造成供不应求，以便提高产品价格，从而取得不正常的超额利润。严格地讲，现实中不存在完全垄断的市场，但在某些情况下有着近似的市场结构，例如拥有某产品专利权的企业、完全控制了某种生产原料或某市场的销售渠道的企业等。另外城市中的公用事业或某些特殊行业的企业，一般是独家经营，如电力公司、邮电局等。但华为仍然提醒企业，完全垄断不宜采用不正常的高价，侵犯顾客的利益，因为政府常常对处于这种市场的企业的产品进行监督和干预。

4．垄断竞争市场

垄断竞争可以说是一种不完全竞争。在垄断竞争的市场上有许多卖主和买主，但各个卖主所提供的产品有差异，或购买者在心理上认为它们有差异，其需求曲线不是水平的，因此各个卖主对其产品有相当的垄断性，能控制其产品价格。这就是说，在垄断竞争的条件下，卖主已不是消极的价格接受者，而是强有力的价格决定者。

在不完全竞争的条件下，卖主定价时广泛地利用心理因素。在这种条件下，产品差异是制造商控制其产品价格的一种主要战略。例如，不同企业所生产的阿司匹林实质上都是一种东西，但不同品牌的药品制造商千方百计地通过广告宣传和包装等来影响广大消费者，使消费者在心理上认为它们有差异。因此，不同品牌的阿司匹林价格有所不同。

在垄断竞争条件下，华为提醒企业，要努力开发不同的产品，以便适应不同细分市场的需要，比如可以广泛地采用其他营销策略使自己的产品与其他产品区分开来。

营销经典："价格陷阱"

"价格陷阱"，是华为最受非议的一种招数。某IT媒体的一篇文章讲了这样一个案例：1997年，华为在煤炭系统拥有90%以上的市场占有率。当年，一家经济效益很差的矿务局引入了华为等3家企业，对矿务局全网改造进行投标，付款方式是以煤易货。华为经过调查认为：客户对付款没有诚意，只是希望找几个厂家压价；华为在该项目中客户关系方面无优势；竞争对手急于在煤炭行业树立样板点，因此对该项目势在必得，价格战在所难免。华为决定放弃，但并没有退出，而是继续参与报价。第二回合后，对手的报价已降到了300元/线以下。尽管华为的目录价高达1300元/线，其客户经理却报出了270元/线的价格，并针对竞争对手的技术弱点，设置了"陷阱"。不出所料，竞争对手报出230元/线的价格，算上以煤易货，实际价格更低，还不得已附加了很多额外服务承诺。3个月后，设备如期到货，但用户的预付款仍无着落，厂商坚持不肯开箱装机，双方矛盾激化。这是华为降低竞争对手利润、击杀竞争对手的经典案例。

一切客户关系都起源于人际关系，但高层次的客户关系，却是一种市场关系。二者的区别在于，前者着重解决的是个人之间的需求与供给关系问题，后者实现的则是市场资源在配置过程中的供求关系问题。华为的客户关系形成也是从最原始的人际关系开始的。

营销忠告：企业定价受到多种因素的影响，其中营销目标和成本是企业定价的核心考虑因素。在华为看来，企业对它的目标越清楚，就越容易制定价格，而成本则决定了产品价格的下限。

※ 一定要对你的价格充满自信

商品是销售员与客户交易的最直接的东西，产品的好坏对销售员的心理也是有很大影响的。很多销售员觉得自己销售的产品质量不高、价格太贵、与同类产品相比缺少竞争力，就会对产品失去信心，在销售时也会底气不足，害怕客户挑剔，发现过多毛病而使自己丢面子。那么，我可以说，这是你不自信的表现。俗话说："一分价钱，一分货。"如果你销售的产品比你竞争对手的价格要高，这只能说明你销售的产品技术含量高，你的产品有很高的使用价值。

听朋友说，某粥店一碗粥竟然卖到 118 元，当时我第一个反应是什么样的粥竟卖出如此天价，这么贵的粥谁能喝得起？

我决定去看个究竟，去了之后，我发现这家粥店的生意竟异常红火，顾客络绎不绝。原来，这家粥店除了卖 118 元一碗的天价粥外，还有好多价格普通、味道鲜美的粥和各种小吃。而大多数顾客点的都是那些普通的粥和小吃。"那为什么还要打出 118 元一碗的牌子，这不是自砸生意吗？"我满腹疑惑地问那位看上去非常精明的年轻老板。可老板竟笑着反问我："那你是为了什么来的呢？""好奇，我要看看到底什么粥能值 118 块钱一碗。"我不假思索地回答。老板意味深长地对我说："这就是你问题的答案，那些顾客都是怀着跟你一样的心理来的，其实这正是我需要的。"

老板告诉我：其实粥店刚开业的时候，生意也并不是很好。尽管环境幽雅，粥也是味美价廉，可是这样的粥店在我们小城有好几家，所以无法吸引顾客上门。面对激烈的市场竞争，那段日子老板整日愁眉不展，茶饭不思。后来，他突然想起每年中秋节有些食品公司总会借机推出几款“天价月饼”。之所以说是天价，是因为月饼的价格确实是高得惊人。到最后那些“天价月饼”是否卖得出去，我们不得而知，可是那家食品公司却因此被大家记住了，他们生产的食品也在市场上非常畅销。

突然他灵光一闪，我为何不能推出一款天价粥来吸引顾客。于是，他专门高薪请来了一位名厨来熬制这款天价粥。而他又在本地的报纸、电视台等媒体做了大量的宣传，怀着好奇心的很多顾客慕名而来。由于粥用料独特，都是些名贵的中药材和一些成本很高的营养滋补品熬制而成的，所以即使卖 118 元一碗也赚不了很多钱，但是却因此而带动了店里其他的生意。是“天价粥”吸引来了顾客，但真正留住顾客的却是那些味美价廉的普通粥和小吃。如今市场竞争日趋激烈，消费者对各种打折、优惠、大甩卖等常规促销越来越麻木，相反，适当用一下“天价”促销反而能取得意想不到的效果。

所以，一碗“天价粥”带来了饭店的火爆，在于价格不是问题，关键是其技术含量，还有品牌的效益。

中方某公司向日本某公司出口某化纤产品已经好几年了，双方都有很好的交情。第二年中方向日方报价时，根据国际市场行情，将价格每单位下调了 10 美元，日方觉得可以接受，邀请中方到日本签约。

当中方代表到了日本后，双方谈了不到 20 分钟。待中方代表报完价，日方漠然一笑，摆出一副不容置疑的神气：“据我们掌握的情报，你们的设备性能与某国某某厂提供的产品完全一样，我国某公司购买的该设备，比贵公司开价便宜一半。因此，我提请贵公司重新出示价格。”

中方代表听罢，相视而望，首次谈判宣告结束。

中方代表团回到饭店感到被戏弄，很生气，明显感到日方企图压价，但人既然已经来了，谈判必须进行。中方人员通过有关协会收集了一些化纤产品进出口的数据，并对日本市场展开了调查，结果发现：目前日本市场上的该类化纤产品，批发和零售价均高出中方公司的现报价 10% ~ 20%。虽然该化纤产品的市场价呈下降的趋势，但中方公司的给价仍是目前世界市场最低的价。

综合各种分析，中方代表共同认为：日方在利用我们的出国心理压价，以为中国方面是抱着“过了这个村就没有这个店”的心态与他们进行谈判。

根据这个分析，经过商量，中方代表决定一是在价格条件上做文章：首先，态度应强硬，不怕空手而归；其次，价格条件还要涨回原来的市场水平；再者，不必用二天给日方通知，仅一天半就将新的价格条件通知对方。第二步就是采用兵法“示形于东而攻于西”的策略和另一家日方公司做了洽谈联系。这一小小的动作立即被日商发现。

次日早晨，谈判桌上的角逐近乎白热化。中方代表很坦然地告诉日方代表：“通过调查，我们的结论是，我方来日本之前的报价低了，应涨回去年成交的价位。请贵方研究，有结果请通知我们。若我们不在饭店，请留言。”此时，日方已经有些沉不住气了，担心真谈崩了，落个竹篮打水一场空。

果不出所料，下午，日方宴请了中方代表，请中方暂不要和其他公司谈判，并约其餐后到公司会谈。

会谈中，日方主动缓和气氛，他们认为，中方不应把过去的价再往上调。中方开始寸步不让，经过好几回合的讨论，中方终于点头答应："看在老朋友的交情，我们可以下调5美元。"

于是，双方同意按中方来日本前的报价成交。

从这个案例中，我们不难看出：谈判中的价格之战，其激烈程度丝毫不亚于之前的谈判。一旦谈判进入到了"价格战"的阶段，销售人员都不免有些紧张。对于一些"道行"不够深的销售人员来说，由于担心在价格上输给竞争对手而失掉单子，有时就会采取"让价"策略。然而，"靠低价换订单"绝对不是高明的手段，客户会因为你的退让一而再、再而三的砍价，不仅延缓了谈判过程，而且也容易造成跑单。

营销忠告：从上面的事例中，我们可以看到，在销售中，我们一定要对自己产品的价格有信心，不能被自己的心态压倒。你要相信，自己的产品价格永远是最棒的。

※ 以变为上，适时调整价格

折扣定价

折扣定价策略，是指利用各种折扣和让价吸引经销商和消费者，促使他们积极推销或购买本企业商品，从而达到扩大销售、提高市场占有率的目的。主要形式有：

1. 现金折扣

这是企业为了加速资金周转，防止呆账出现，给予现金付款、提前付款或迅速支付货款的买主一定比例的优待。采用这种策略，虽然企业付出了一定的代价，但它可以吸引顾客用现金支付和提前付款，减少企业风险，促进资金迅速回收，又可进行扩大再生产，从而使企业形成良性循环。这种折扣形式在西方企业中采用较多。

2. 数量折扣

数量折扣是指当购买者的购买达到一定数量或金额时，企业给予一定折扣，分为累进折扣和非累进折扣两种。非累进数量折扣指在每次购买中，当购买量达到一定标准时，给予折扣，购买量越大，折扣越大。非累进数量折扣鼓励顾客大量购买，购买量大，企业销售成本减少，资金周转加快。有些企业也以顾客每次在该店的购买金额给予折扣，不论购买同一产品还是不同产品，只要购买金额达到一定量，就给予折扣。

累进数量折扣指一定时间期限内，顾客累计购买量（或购买金额）达到一定标准，就给予折扣。同样，数量或金额越大，折扣越大。折扣时间的长短，可根据企业情况随意制定，如一周、一月、一季或一年。

3．季节性折扣

生产季节性产品的企业，对销售淡季来采购的买主，给予折扣优待，鼓励中间商及用户提早采购。这样有利于减轻储存压力，从而加速商品销售，使淡季也能均衡生产，旺季不必加班加点，有利于充分发挥生产能力。

差别定价

所谓差别定价，也叫价格歧视，就是企业按照两种或两种以上不反映成本费用的比例差异的价格销售某种产品或劳务。

1．差别定价的 4 种形式

（1）顾客差别定价，即企业按照不同的价格把同一种产品或劳务卖给不同的顾客。例如，某汽车经销商按照价目表价格把某种型号汽车卖给顾客 A，同时按照较低价格把同一种型号汽车卖给顾客 B。这种价格歧视表明，顾客的需求强度和商品知识有所不同。

（2）产品形式差别定价，即企业对不同型号或形式的产品分别制定不同的价格，但是，不同型号或形式产品的价格之间的差额和成本费用之间的差额并不成比例。

（3）产品部位差别定价，即企业对于处在不同位置的产品或服务分别制定不同的价格，即使这些产品或服务的成本费用没有任何差异。例如剧院，虽然不同座位的成本费用都一样，但是不同座位的票价有所不同，这是因为人们对剧院的不同座位的偏好有所不同。

（4）销售时间差别定价，即企业对于不同季节、不同时期甚至不同钟点的产品或服务也分别制定不同的价格。例如，美国公用事业对商业用户（如旅馆、饭馆等）在一天中某些时间、周末和平常日子的收费标准有所不同。

2. 差别定价的6个条件

（1）市场必须是可以细分的，而且各个细节市场须表现出不同的需求程度。

（2）以较低价格购买某种产品的顾客不可能以较高价格把这种产品倒卖给别人。

（3）竞争者不可能在企业以较高价格销售产品的市场上以低价竞销。

（4）细分市场和控制市场的成本费用不得超过因实行价格歧视所得额外收入，这就是说，不能得不偿失。

（5）价格歧视不会引起顾客反感，放弃购买，影响销售。

（6）采取的价格歧视形式不能违法。

心理定价

心理价格策略主要是零售企业的价格策略。零售企业直接面对最终消费者，消费者心理需求是影响购买行为的重要因素，因而也成为制定价格策略的重要因素。

1. 整数价格策略

对于价格较高的商品，如高档商品、耐用品或礼品等可以采取整数价格策略。企业为了迎合消费者“价高质优”的心理，给商品制定一种整数价格。当消费者得不到关于商品质量的其他资料时，为了购买高质量的商品，常常有“高级店，高级货”、“高价钱，是好货”的心理，以价格高低来辨认商品质量的优劣。整数价格策略利用的正是这一心理。而且，采用整数定价，在种类繁多的商品选购中，给顾客以方便，有利于商品的选择。

2．尾数定价

尾数定价是指保留价格尾数，采用零头标价，将价格定在整数水平以下，使价格保留在较低一级档次上。尾数定价一方面给人以便宜感，另一方面因标价精确给人以信赖感。对于需求弹性较强的商品，尾数定价往往能带来需求量大幅度的增加。如将价格定为 19.80 元，而不是 20 元，往往会增加销售量。

3．声望定价

声望定价指针对消费者“一分钱一分货”的心理，对在消费者心目中享有声望、具有信誉的产品制定较高价格。价格高低时常被当作商品质量最直观的反映，特别是在消费者识别名优产品时，这种意识尤为强烈。这种声望定价技巧，不仅在零售商业中广泛应用，在饮食、服务、修理、科技、医疗、文化教育等行业也运用广泛。

4．招徕价格策略

为了迎合消费者求廉心理，暂时将少数几种商品减价来吸引顾客，以招徕生意的策略叫招徕价格策略。其目的是把顾客吸引到商场中来，在购买这些低价产品时也购买其他商品。但必须注意：该策略对日用消费品和生活必需品比较奏效，商场的规模必须较大；削价必须真正能吸引顾客；降价的产品品种和数量要适当。

5．习惯价格策略

在定价时参考已经存在的习惯价格进行定价。习惯价格是指那些顾客已家喻户晓、习以为常，个别生产者难以改变的价格。即使生产成本提高很大，再按原价出售变得无利可图时，企业也不能提价，否则会引起顾客的不满，只能采取降低质量、减少分量的办法进行调整；还可以推出新的花色品种，改进装潢以求改变价格。

促销定价

促销定价是指公司为达成某种促销目的所做的暂时性及短期的定价。

利用季节转换的机会实行商品大减价，是促销常用的手段。在国外百货公司通常每年都有两次换季大减价，即冬季和夏季大减价，各厂家也利用此机会实施减价促销策略。

1. 需求季节差价策略

根据产品在一年四季中的不同需求程度和需求量，实行季节差价，即产品价格随着季节的变化而作出相应的调整。典型的例子如冬季服装到了冬季末、春季初就要大幅度降价促销，否则过了一年款式可能就被淘汰，不符合消费者需要了。

2. 周末特价策略

为了吸引周末休息的人们踊跃购买商品，许多商店采用周末特价或周末大酬宾的策略招徕平时无暇光顾的顾客。不仅商店，生产厂家也可以采用这一价格策略吸引目标顾客，如家用电器厂家可以实行对周末购买本企业产品的顾客实行现金回扣、提供额外服务或赠送小商品的做法。

3. 每日特价策略

产品种类和系列比较多的企业还可以实行每日特价策略，即星期一到星期天每天有一种款式的产品以特别优惠的价格出售，这样每一天都能够吸引相应的消费者购买一定的产品。

4. 不同时段的优惠价策略

针对某些产品的购买或消费过于集中在一定时段的情况，企业可以采用不同时段实行不同价格的策略，如电影院白天场次的票价低于晚间场次。

地理定价

企业在制定价格时难免要碰到是否应对边远地区的顾客收取较高的价格，以弥补较高的装运成本及赢得增加的业务，或者是如何交付款项的问题。当购买者缺乏足够的硬通货来偿付他的购买物时，这一议题就是严重的。

根据地理因素调整价格主要分为以下几种：

1. 按产地在某种运输工具上交货定价

所谓按产地在某种运输工具上交货定价，就是顾客(买方)按照厂价购买某种产品，企业(卖方)只负责将这种产品运到产地的某种运输工具(如卡车、火车、船舶、飞机等)上交货，交货后，从产地到目的地的一切风险和费用概由顾客承担。如果按产地的某种运输工具上交货定价，那么每一个顾客都各自负担从产地到目的地的运费，这是合理的。但是这样定价对企业也有不利之处，即远地的顾客就可诣不愿购买这个企业的产品，而购买其附近企业的产品。

2. 统一交货定价

这种战略和前者正好相反。所谓统一交货定价，就是企业对于卖给不同地区顾客的某种产品，都按照相同的厂价加相同的运费(即平均运费计算)定价。也就是说，对不同地区的顾客，不论远近，都实行二个价，如邮资定价(目前我国邮资也采取统一交货定价，如平信邮资，全国各地都是一个价)。

3. 分区运送价格策略

这种策略指从卖方角度，把市场划分为几个大的区域，根据这些区域的距离远近，不同的区域采用不同的运费标准，然后把运费加到价格中去的价格策略。与卖者距离不同的区域制定不同的价格，但每个相同区域内收取统一价格。一般原材料产品和农产品都实行这种价格。

4. 基点定价策略

基点定价即卖方选某些城市作为基点，按产地价加基点(最靠近顾客所在地的基点)至顾客所在地的运费来定价。采用这一策略可以使卖方产品在各地的交货价基本一致，有利于开拓远地市场，扩大销售。它适用于笨重商品、运费占成本比重较大的商品。

5. 免收运费定价策略

免收运费定价策略指的是卖方承担产地至顾客所在地全部运费，统一按出厂价出售产品的定价策略。由于产地与顾客所在地的距离不同，采用这一策略，可以减轻远地顾客的运费负担，有利于保持市场占有率，开拓新的市场。

营销经典：亚马逊公司的差别定价

亚马逊公司从1995年7月开始正式营业，1997年5月股票公开发行上市，从1996年夏天开始，亚马逊极其成功地实施了连属网络营销战略，在数十万家连属网站的支持下，亚马逊迅速崛起成为网上销售的第一品牌，到1999年10月，亚马逊的市值达到了280亿美元。

虽然亚马逊的业务在快速扩张，但亏损额却也在不断增加，2000

年的第一个季度，亚马逊完成5.74亿美元的销售额，第二季度完成5.78亿美元的销售额。但是，亚马逊第一季度的总亏损达到了1.22亿美元，第二季度的主营业务亏损仍达8900万美元。

为了改变这种情况，亚马逊在2000年9月中旬开始了著名的差别定价实验。亚马逊选择了68种DVD碟片进行动态定价试验，试验当中，亚马逊根据潜在客户的人口统计资料、在亚马逊的购物历史、上网行为以及上网使用的软件系统确定对这68种碟片的报价水平。例如，名为《泰特斯》(Titus)的碟片对新顾客的报价为22.74美元，而对那些对该碟片表现出兴趣的老顾客的报价则为26.24美元。通过这一定价策略，部分顾客付出了比其他顾客更高的价格，亚马逊因此提高了销售的毛利率，但是这一定价策略实施不到一个月，消费者就发现了这一秘密，通过在名为DVDTalk(www.Dvdtalk.com)的音乐爱好者社区的交流，成百上千的DVD消费者知道了此事，那些付出高价的顾客当然怨声载道，亚马逊的名誉一落千丈，有人甚至公开表示以后绝不会在亚马逊购买任何东西。

为渡过这次危机，亚马逊的首席执行官贝佐斯指出亚马逊的价格调整是随机进行的，与消费者是谁没有关系，价格试验的目的仅仅是为测试消费者对不同折扣的反应，亚马逊“无论是过去、现在或未来，都不会利用消费者的人口资料进行动态定价”。贝佐斯为这次的事件给消费者造成的困扰向消费者公开表示了道歉。不仅如此，亚马逊还试图用实际行动挽回人心，亚马逊答应给所有在价格测试期间购买这68部DVD的消费者以最大的折扣，据不完全统计，至少有6896名没有以最低折扣价购得DVD的顾客，已经获得了亚马逊退还的差价。

至此，亚马逊价格试验以完全失败而告终，亚马逊不仅在经济上蒙受了损失，而且它的声誉也受到了严重的损害。

案例分析

差别定价被认为是网络营销的一种基本的定价策略，一些作者甚至提出在网络营销中要“始终坚持差别定价”。然而，没有什么经营策略在市场上可以无往不胜，差别定价虽然在理论上很好，但在实施过程中却存在着诸多困难，正像亚马逊公司遇到的情况一样。其实，亚马逊差别定价策略失败的原因首先是因为亚马逊的差别定价有明显歧视老顾客的嫌疑。此外，亚马逊还忽略了虚拟社区在促进消费者信息交流方面的巨大作用，消费者通过信息共享显著提升了其市场力量。由此可见，差别定价策略存在着巨大的风险，一旦失败，它不仅会直接影响到产品的销售，而且可能会对公司经营造成全方位的负面影响。

营销忠告：有关价格的谈判是决定最终能否达成成交的重要因素，是谈判双方心理、智慧、技巧的综合较量，这是优秀的推销员必须掌握的一门技术。

第7章 促销策略

促销策略是市场营销组合的基本策略之一。促销策略是指企业如何通过人员推销、广告、公共关系和营业推广等各种促销方式，向消费者或用户传递产品信息，引起他们的注意和兴趣，激发他们的购买欲望和购买行为，以达到扩大销售的目的。

※ 顾客了解产品价值的通路——广告

确定广告目标

要制定合理的广告策略，企业要做的第一步就是明确企业做广告的目标，华为认为可能的产品目标主要有 3 种：宣传广告、劝说广告和提醒广告。企业可以根据自身的发展计划确定其中的一种目标。

1. 宣传广告

宣传广告的目标是要告诉顾客有关产品的信息。这是一种报道性广告，即通过向消费者介绍产品的性能、用途、价格等，以刺激消费者的初始需求。除此之外，宣传广告还能达到纠正消费者对产品的错误印象，减少顾客畏惧心理，建立公司形象的目的。当一种新产品进入市场时，人们对它还不了解，市场上也无同类产品出现，因而广告的重点是向潜在顾客介绍产品，以及产品能满足顾客什么样的需要。需要注意的是，宣传广告的焦点应该放在产品的特性而不是产品的品牌名称上。在推出新产品或新服务时，这是一种非常主要的广告目标。例如，微波炉新上市时，它的广告将微波炉的性能、功效、如何用微波炉烹饪等信息通过广告告诉消费者，便是一种告知性质的广告。

2. 劝说广告

当目标顾客已经产生了购买某种产品的兴趣，但还没有形成对特定产品偏好时，劝说广告的目的是促其形成选择性需求，即购买本企业的产品。劝说广告突出介绍本企业产品的特色，或通过与其他品牌产品进行比较来建立一种品牌优势。

例如，PiPi纸尿裤曾经以“太空尿尿趣事多”的广告，证明其产品为航天员专用的高分子吸收棉，说明产品品质比其他品牌好，希望消费者购买其产品，这就是一种劝说性质的广告。

3. 提醒广告

有些产品在市场上销售多年，虽已有相当的知名度，但厂商仍需要推出提醒性广告来提醒购买者，不要忘了他们的产品。这是一种备忘性广告。这种广告有利于保持产品在顾客心目中的形象。可口可乐公司虽早已具有全球的品牌知名度，但它仍把很多钱花在电视广告上，其目的主要是要提醒人们不要忘了“可口可乐”。春夏之际的瓶装饮用水广告、中秋节之前的月饼广告就是提醒消费者要记住他们的产品。

华为提醒企业，选择广告目标首先要透彻分析和了解当前的市场情况，企业要根据产品自身的特性和生命周期选择不同的广告目标。

选择恰当的媒体

华为认为，广告策划者在选择媒体做广告时，应考虑多种因素，目标顾客对媒体的习惯将会影响对媒体的选择，广告人应努力寻找那种可以使广告有效地到达消费者的媒体。华为肯定地说：“企业如果能够将目标对准某些观众(顾客)，广告的功用将发挥出令人想象不到的效果。”同样，产品的特性也会影响媒体的选择，举例而言，宝利来照相机最好在电视上播出，时装最好刊登在彩色杂志上。不同种类的信息要求不同的媒体。关于“明天大拍卖”的消息只有在广播或报纸上发出才能产生最佳效果。具有许多技术内容的信息就需要杂志或直接邮送方式。

华为分析了媒体选择的主要步骤包括：确定广告涉及的范围、出现频率的效果；选择主要媒体类型；选择特定媒体载体；决定媒体时段。

1. 确定广告涉及的范围以及出现频率

在选择媒体之前，广告主必须决定为实现广告目标所需的接触面、频率以及希望产生的效果。接触面是指在特定期间中目标市场的顾客接触到广告活动的百分比。譬如，广告主可能希望在前3个月的广告活动中接触到70%的目标市场顾客。频率是指目标市场中平均每一个人接触到信息的次数。譬如，广告主可能希望平均接触3次。媒体效果是指信息展露的定性价值。譬如，对需要示范的产品而言，电视的信息效果要比报纸的信息效果更佳。

2. 选择主要的媒体类型

广告媒介的种类很多，主要的有报纸、广播、杂志、电视、直接邮寄和户外广告等。媒介各有其特点，在时间性、灵活性、视觉效果、传播面、成本等方面相差甚远，了解不同媒体的优点和局限性，对媒体的正确选择十分重要。

（1）报纸。报纸是最重要的传播媒介，它的优点是覆盖面广、传播信息速度较快，特别是日报，可将广告及时登出，并马上送抵读者，地理选择性好，制作灵活，收费较低，另外，报纸还具有信息量大、设计制作容易、灵活性大等优点。缺点主要是保留时间短，广告图画质量差。因此，刊登形象化的广告效果较差。

（2）期刊。期刊也是一种印刷媒体，与报纸相比，杂志的专业性较强，读者集中，特别适合刊登各种专业产品的广告。由于针对性强，保留时间长，画面印刷效果好等优点，广告效果较好。缺点是出版周期长，读者对象范围固定，如果选择错误，几乎就是无效的广告。

（3）电视。电视是现代最重要的视听型广告媒体。它将视觉影像和听觉综合运用，能最直观最形象地传递产品信息，具有丰富的表现力和感染力，因此是近年增长最快的广告媒体。电视广告播放及时，覆盖面广，选择性强，收视率高，且能反复播出，加深消费者印象。缺点也很明显：一是绝对成本高；二是广告瞬间即逝，无法保留；三是众多广告一起拥挤在黄金时间，混杂而容易被消费者忽视。

（4）广播。这是一种大量、广泛使用的听觉媒介，它的优点是传播速度快，传播范围广，不受时空限制，节目制作灵活方便，感染力强。缺点就是无法保存，有声无形，使消费者对产品印象模糊。

（5）直接邮寄。即将印刷的广告物，如商品目录、商品说明书、样本、订单、信函、明信片等通过邮政系统直接寄给目标买主、中间商或代理人，也有直接寄给个人消费者的。邮寄广告最显著的优点是地理选择性和目标顾客针对性都极好，灵活，提供信息全面，反馈快。缺点是可信度低，如果目标顾客为个人消费者，成本也较高。

（6）互联网广告。互联网是最新的广告媒体，这种广告媒体的优点是传播范围广泛，形式多样，成本较低。缺点就是广告效果难以评估，技术要求较高，而且受众也不明确。

（7）其他媒体。包括户外广告，如广告牌、招贴、广告标语、霓虹灯广告等；交通广告，如车身广告、车内广告、站牌广告，及车站、码头、机场广告等；空中广告，如利用气球或其悬浮物带动的广告。这些广告多利用了灯光色彩、艺术造型等艺术手段，又集中于闹市、交通要道或公共场所，故一般鲜明、醒目、引人注意，又因内容简明、易记，使人印象深刻，展露重复率高，成本低。缺点是传播范围有限，传播内容也不宜复杂，且难以选择目标受众。

3．选择特定媒体载体

媒体规划人员必须选择最好的媒体工具——各媒体类型内的特定媒体。媒体规划人员应在媒体成本和若干媒体效果因素之间求得平衡。第一，应平衡成本和媒体工具的受众质量；第二，应考虑受众的注意力；第三，应估计媒体工具的编辑质量。如此，媒体规划人员才能在一定的成本内，选择在接触面、频率与效果等方面都能合乎要求的媒体工具。

4．决定媒体时段

广告主必须安排年度广告的播放频率。大多数厂家都会做一些季节性的广告，也有一些厂商只做季节性的广告，如 Hallmark 只在主要节日前为其贺卡做广告。

广告主还要选择广告播放频率的形态。广告播放频率可平均分散在各时期，也可视市场情况做重点式的安排，以扩大广告效果。

另外，华为认为信息和媒体应该协调地结合起来，产生广告攻势的整体效应。

选择广告媒体的同时，企业还不得不考虑广告的成本问题。

这也是企业最难面对的总题之一，在后面的章节中，我们会讲到促销预算的一般方法，针对广告预算，华为提出了 5 个要考虑的因素：产品生命周期阶段、市场份额和消费者基础、竞争与干扰、广告频率、产品替代性。

广告的信息决策

广告的信息决策包括信息内容的确定和信息表达形式的设计，实际上就是广告的具体制作。广告的设计制作具有很强的技术性和专业性，但其中最关键的是要有创造性，因为除了邮寄广告以外，任何广告都不可能说得或写得太多，需要在有限的空间和时间内迅速引起消费者的注意和兴趣，完成信息沟通的任务。

广告信息决策要从广告的结构出发，典型的广告结构由4个部分组成：主题、正文、标记和画面。

主题是任何广告不可缺少的，它是广告的核心，并贯穿于广告的始终，它可以用标题或口号表示。广告主题是广告设计的难点，需要有高度的概括性、独特性和艺术性，要能引人注目，易懂易记，紧扣促销目的。

正文是信息的具体内容，是对标题的进一步说明，一般是以文字、语言的形式出现，要求简明扼要，不宜长篇累牍。

标记主要指产品的商标或企业名称，这是广告中最重要的部分之一，要将其放在突出醒目的地位，特别对于消费品的促销，广告宣传商标具有十分重要的意义。

画面对于电视、杂志、路牌、招贴等广告形式来讲是极其重要的，它能比文字更为直观、形象地传递信息，特别适用于外观质量比较重要的产品，可以用画面来烘托主题、突出商标、显示产品的特性。画面的表现形式比文字更为丰富，如对比、夸张、写实、幽默、比喻、暗示、联想等，画面还可以充分调动色彩的功能。

广告信息决策还要考虑版面的编排设计，版面要求简洁，具有整体的平衡性，要考虑广告信息各部分的比例，尤其要突出主题和商标，要编排叙述的顺序和强调的重点，要富有动态感，并能准确表达广告的目标。

在广告发出前制定的广告文字和形式被称为广告设计，广告设计一般要遵循以下几个原则：

（1）真实性，即指广告中宣传的必须与实际产品的本来面貌相一致，如果广告虚假，不仅会损害顾客的利益，也会同样损害企业的信誉和形象。

（2）思想性，广告强调经济效益的同时，更要注意精神文明，去除广告内容中不健康的因素。

（3）创造性，创造性是广告吸引消费者眼球的关键因素，广告的语言要生动、有趣，形式要多种多样，不断创新。

（4）针对性，广告设计要针对不同的消费者心理，做出合理的有说服性的产品介绍。

（5）效益性，任何广告的最终目的都是为了经济效益，广告应以尽可能少的费用支出取得最大的广告效果。

评价广告效果

在分析过广告决策制定的费用与复杂性之后，企业应定期检查并评估广告效果。企业最常见的情况，便是延续相同的广告计划与政策，因为这是安全稳当的做法。任何改变都蕴藏潜在的风险，而这正是广告经理所不愿见的事情。邀请外部人士或机构对广告计划进行独立的评估，以期对该企业的广告描绘出更具前瞻性的方式，应该算是一种合理的做法。

尽管如此，广告节目仍应定期对交流效果和广告的销售效果进行评估。衡量一则广告的交流效果表明广告是否传播得好。问卷调查可以在广告被印刷或播出前后进行。在广告被推出前，广告商们可以把它先给消费者看，问他们感觉怎样，衡量由此产生的反响和态度变化。

广告做出后，广告商们可以衡量广告如何影响消费者的反响和对产品的知晓、了解和偏好程度。

然而，对品牌知晓增长20%，对品牌偏好增长10%，这会产生什么样的销售效果呢？广告的销售效果通常比交流的效果更难衡量。除广告之外，销售还要受到诸多因素的影响，如产品形象、价格和得到的渠道。

针对这种情况，华为提出了两种评估广告效果的方法。

一种方法是将过去的销售量与过去的广告开支进行对比。另一种方法就是通过实验，测试不同广告开支水平的效果。“必胜客”快餐店在不同的市场区域内花在广告上的费用因地而异，而且在产生的销售水平上可以测出差别来。它可以在一个市场区域内作正常的花费，在另一个地区花一半，而在下一个地区的花费是正常数目的两倍。如果这3个市场区域的条件相同，并且在区域内所有其他的营销努力也相同，那么这3个城市中出现的差异可能与广告费用水平有关。在设定更为复杂的实验时，可以包括其他的变量，如所使用的广告和媒体之间的差别。

营销经典：“哈药”靠广告打开了市场

1997年哈药集团开始大量广告投放，据估计，哈药集团的年广告支出费用高达lO亿元，哈药初期，靠着几轮的广告轰炸打开了药品市场。以哈药集团下属的哈尔滨制药三厂为例，该厂1996年没有广告投入，当年销售亏损；1997年投放1000万元，销售额达到1亿元；1998年投放2000万元广告，销售额达到2.2亿元；到了1999年广告投放到2亿元，销售额高达8.6亿元。

2000年，哈药集团的广告费投入约11亿元，同比增长78%，主营业务收入预计为80亿元，同比增长也是78%。广告收入弹性为1，每1元钱的广告费投入带来了7.3元的收入增加。主营业务收入增长与广告投入增长之间保持了较好的相关关系。

国内药厂如三九、丽珠、新华等都是以整体形象打广告，而哈药集团则以下属药厂打广告，并且集中火力于两个拳头产品。其中，盖中盖口服液(片剂)的产品广告几乎遍及中华大地。全国34个城市84个频道都能见其踪影，其覆盖面之广、播出频率之高、投资之大真是无人能及。而三精牌葡萄糖酸钙酸锌口服液也在全国30个城市49个频道频繁播出。众多名人天天告诉大家得补锌、要补钙。用大量的广告来打拼市场，中央电视台《新闻联播》后的黄金时间必是其主攻目标：19:30 ~ 19:59时间段内，盖中盖口服液的广告费用多达3000万元，投放时长达10.9262万秒，投放次数多达4649次。三精牌葡萄糖酸钙酸锌口服液的广告费用也有1000万元，投入时长达3.6022万秒，投放次数多达1928次。盖中盖以30秒版本为主，而三精品牌则偏爱15秒。2000年医药保健品的广告投放总额居CCTV-1所有行业的榜首，主要投放品牌超过30个，哈药名列前茅。

哈药投放广告的方式是先与各地电视台谈好一个总体价格，譬如一年是1000万元，但在黄金时间还是“垃圾时段”播出哈药不作限定。

哈药的另一个广告宣传武器就是“名人牌”。

哈药很多广告主角都是影视明星，是典型的“形象转借”和“注意力转借”。

从2001年1月1日开始，哈药六厂在全国绝大多数省市级电视台全天候(包括黄金时间段)播出系列公益广告，每月一个主题版本，全年共12个主题，每天播放25分钟。公益广告费用约占全年广告费的一半，即公益广告和商业广告比例为1:1，哈药集团表示之所以投巨资征集、制作、播出系列公益广告，是社会责任感使然。市场的得失在于一时，公众的认可才能够永恒。

由于哈药正确的广告策略的帮助，2000年，哈药集团完成工业总值68亿元，完成产值营业收入跃居全国第一位，哈药也没有像前期人们预测的成为“秦池第二”和“爱多第二”。

案例分析

哈药的整套广告，确可列为是“造成新产品上市，一鸣惊人”的成功实例。

（1）广告主需要有魄力，决定广告预算，支付广告费用。认清“广告”是“投资”，有适当的投资，才能产生良好的效益。为了这套广告计划，“哈药”每年拿出10亿元的广告费用。事后依照销售营业额来核计，所占的比率实在很低。

（2）新产品上市，如能做到一鸣惊人，再加上产品品质确实精良，产品知名度的响亮，就能在市场经销商与消费者的印象中，保持得很长久。哈药集团的广告依靠无人能及的投资和播出频率让消费者记住了哈药的一系列产品，让消费者认识、了解了哈药，使哈药的营业额直线上升，这正是广告拥有的魅力。

营销忠告：广告即“广而告之”之意。广告作为一种传递信息的活动，它是企业在促销中应用最广的促销方式。它以促进销售为目的，是需要付出一定的费用，通过特定的媒体传播商品或劳务等有关经济信息的大众传播活动。

※ 营业推广

使用合理的营业推广手段

营业推广是刺激消费者迅速购买商品而采取的营业性促销措施，是配合一定的营销任务而采取的特种推销方式。营业推广是一种短期的销售行为。

进行营业推广活动，也要和制定广告策略一样，先确定促销的目标而后采用相应的手段。

1．确定营业推广目标

企业若想使营业推广活动真正起到作用，首先应该做的就是要确定营业推广目标。

促进销售的总目标，是通过向消费者报道、诱导和提示，促进消费者产生购买动机，影响消费者的购买行为，实现产品由生产领域向消费领域的转移。但在总目标的前提下，在特定时期对特定产品，企业又有具体的营业推广目标。例如，针对某些产品，企业的营业推广目标可以是引起广泛的社会公众注意，报道产品存在的信息；也可以重点突出产品特点、性能，以质量、造型或使用方便吸引顾客；还可以强调售后服务优良等。总之，在进行营业推广时，要根据具体而明确的营销目标，对不同的营业推广方式进行适当选择，组合使用，从而达大到营销推广目标的要求。

2．选择合理的营业推广手段

营业推广的方式很多，企业要根据市场类型、销售目标、竞争环境以及各种推广方式的成本和效益等选择适当的营业推广工具。对不同的推销对象，其工具也不同。

根据营业推广形式，一般可将其手段分为以下三类：

（1）用于消费者的营业推广手段。

①样品：免费提供给消费者或供其试用。可以邮寄、送上门或在商店提供。赠样品是最有效也是最昂贵的介绍新产品的方式。

②赠品：是指以较低的代价或免费向消费者提供某一物品，以刺激其购买某一特定产品。一种是附包装赠品，还有一种是免费邮寄赠品，即消费者交还诸如盒盖之类的购物证据就可获得一份邮寄赠品。另一种是自我清偿性赠品，即以低于一般零售价的价格向需要此种商品的消费者出售的商品。制造商在给予消费者名目繁多的赠品上一般都印有公司的名字。

③优惠券：是一个证明，持有者在购买某特定产品时可凭此券按规定少付若干金钱。优惠券可以有效地刺激成熟期产品的销售，诱导对新产品的早期使用。

④奖品（竞赛、抽奖、游戏）：奖品是指消费者在购买某物品后，向他们提供赢得现金、旅游或物品的各种获奖机会。竞赛要求消费者呈上一种参赛项目，可以是一句诗、一种判断、一个建议，然后由一个评判小组确定哪些人被选为最佳参赛者。抽奖则要求消费者将写有其名字的纸条放入一个抽签箱中。游戏则在消费者每次购买商品时送给他们某样东西，如纸牌号码，字母填空等，这些有可能中奖，也可能一无所获。所有这些都将比优惠券或者几件小礼品赢得更多人的注意。

⑤免费试用：对于汽车、房产等昂贵产品，可采用免费试用。邀

请潜在顾客免费试用产品，以期他们购买此产品。

⑥现场示范：企业派人将自己的产品在销售现场当场进行使用示范表演，把一些技术性较强的产品的使用方法介绍给消费者。

⑦组织展销：企业将一些能显示企业优势和特征的产品集中陈列，边展边销。

（2）用于中间商的营业推广手段。

①批发回扣：企业为争取批发商或零售商多购进自己的产品，在某一时期内可给予一定数量企业产品的批发商以一定的回扣。

②推广津贴：企业为促使中间商购进企业产品并帮助企业推销产品，可以支付给中间商以一定的推广津贴。

③销售竞赛：根据各个中间商销售本企业产品的实绩，分别给优胜者以不同的奖励，如现金奖、实物奖、免费旅游、度假奖等。

④免费产品：制造商还可提供免费产品给购买某种质量特色的、使其产品增添一定风味的或购买达到一定数量的中间商，即额外赠送几箱产品。他们也可提供营业推广资金，如一些现金或者礼品。制造商还免费赠送附有公司名字的特别广告赠品，譬如钢笔、铅笔、年历、镇纸、备忘录和码尺等。

（3）用于销售人员的营业推广手段。

①免费提供人员培训，技术指导。

②销售竞赛：其目的在于刺激他们在某一时期内增加销售量，方法是谁成功就可获得奖品。许多公司出资赞助，为其推销员举办年度竞赛，或季度竞赛，以激励销售人员完成较高的销售指标。

③纪念品广告：纪念品广告是指由推销员向潜在消费者或顾客赠

送一些有用的但价格不贵的物品，条件是换取对方的姓名和地址，有时还要送给顾客一条广告信息。常用的物品有圆珠笔、日历、打火机和笔记本等。这些物品使潜在顾客记住公司名字，并由于这些物品的有用性而引起对公司的好感。纪念品广告可帮助推销员提高推销量。

营业推广的实施与评价

营业推广的方式有很多种，在实施营业推广的过程中企业要采取合适的营业推广手段，而在之前，企业应先制定推广方案，之后则要对其进行评价以总结经验。

1. 制定营业推广方案

企业在制定营业推广方案时应考虑如下因素：

（1）决定营业推广规模。如果能选择费用有限而效益最高的推广办法，有一定的规模就够了。确定规模较佳的依据是推广刺激费用与营业收入之间的效应关系。

（2）参加者的条件。要根据顾客或中间商的具体特点，选择能产生最佳推广效果的刺激对象。

（3）营业推广途径。企业应根据其普及面及费用合理选择。必须选择既能节约推广费用，又能收到最佳效果的营业推广工具。常规途径有3种：即包装分送、商店分发、邮寄广告。

（4）市场营销人员还要决定营业推广时间的长短。如果时间太短，则一些顾客可能无法重购，或由于太忙而无法利用营业推广的好处。如果营业推广时间太长，则消费者可能认为这是长期降价，而使优待失去效力，甚至还会使消费者对产品质量产生怀疑。阿瑟·斯特恩根据自己的调查研究，发现最佳的频率为每季度有三周的优待活动，最佳时间长度为平均购买周期。当然，这种情况会随着营业推广目标、消费者购买习惯、竞争者战略及其他因素的不同而有所差异。

（5）营业推广时机的选择。在现代企业里，品牌经理通常要根据销售部门的要求来安排营业推广的时机和日程。而日程安排又必须由地区市场营销管理人员根据整个地区的市场营销战略来研究和评估。此外，营业推广时机和日程的安排还要注意使生产、分销、推销的时机和日程协调一致。

2. 营业推广的实施与评价

企业应为每一种营业推广方式确定具体实施方案。如果条件许可，在实施前应进行测试，以便明确所选方案是否恰当。在具体实施过程中应把握两个时间因素：一是实施方案之前所需的准备时间；二是推广始末的实践间隔。实践证明，从正式推广开始到大约95%的商品已推广售完的时间为最佳期限。

为了总结方案实施的经验教训，以便为今后的营业推广决策提供依据，还需对营业推广效果进行评估。常用的评价法有：

（1）将推广前、中、后的营业情况进行比较。

（2）对那些在推广时购买这个商品，而事后又转向购买其他品牌的顾客进行调查分析。

（3）了解有多少顾客还记得这次营业推广活动，他们的看法如何，多少人从中得到了好处，以及本次推广对于他们以后选择品牌起了什么作用。

（4）通过仔细安排好的实验来研究。这种实验可随着优待属性（如诱因价值、优待期间、优待分配媒体等）的不同而有所差异。优待属性的改变与地理区域的变换相搭配，可以了解不同地理区域的营业推广效果。同时，运用实验法还需作一些顾客追踪调查，以了解为什么不同的优待属性会有不同的反应水平。

营销经典：节日促销创佳绩

某家生产水饺、汤圆、粽子等传统中式食品的小企业超过一半以上的销量是在节日前后实现的。因此对节日营销颇有心得。

1. 烘托节日氛围

节日是动感的日子，欢乐的日子，捕捉人们的节日消费心理，寓动于乐，寓乐于销，制造热点，最终实现节日营销。针对不同节日，塑造不同活动主题，把最多顾客吸引到自己的柜台前，营造现场气氛，实现节日销售目的。如在端午节，在卖场把超市的堆头设计成龙舟的形状，龙舟上既可摆放真空粽子，又可摆放宣传端午的物料，在现场营造出一个浓厚的端午节气氛。而赠送香包，开展端午文化大赛的民俗表演更增强了节日热闹氛围，激发了众多消费者主动参与活动的意识。

2. 传达品牌内涵

嫁接节日的文化氛围，开展针对性的文化营销。充分挖掘和利用节日的文化内涵，并与自身经营理念和企业文化结合起来，不仅可以吸引众多的消费者，在给消费者艺术享受的同时，也能带来良好的市场效益，树立良好的企业形象。比如情人节，在卖场开展“情侣过三关”和“汤圆代表我的心”。智力闯关活动，就很好的洋为中用，不仅增加了汤圆的文化外延，还通过活动传达出情人节的浪漫与温馨，而且，平时两人之间羞于表达的想法也可以借此表达，也丰富了节日内涵。在中秋节，通过举办“幸福一家人家庭厨艺大赛”，成功的演绎浓烈淳厚的传统亲情文化，在团圆欢聚的亲情中营造出良好的购物环境，也不失时机地把品牌内涵传达的惟妙惟肖。

3．增强品牌亲和力

生活水平的提高使消费者的需求开始由大众消费逐渐向个性消费转变，定制营销和个性服务成为新的需求热点，商家如能把握好这一趋势，做活节日市场也就不是难事了。端午期间开展的“来料加工，教你包 ×× 粽子”就颇受消费者青睐，深圳沃尔玛曾开辟先例，让顾客自己设计礼篮或提供不同型号的礼篮，由顾客挑选礼品，不限数量、品种，金额，既可迎合不同消费需求，又可充分掌握价格尺度。此法一经推出便受到消费者的欢迎，不仅大大增加了生鲜部的利润，也促进了其他部门的销售。

案例分析

节日促销是一种最为有效的促销手段，它的精髓在于把产品和节日结合，体现产品的文化理念。这家公司的节日促销就是利用这一促销手段取得成功的典范。这家公司的成功也让我们看到了节日促销的种种好处。节日前后正是人们消费的黄金时间，企业可以通过节日的喜庆气氛吸引消费者，并且可以使自己的产品融入节日中，丰富了产品的文化内涵。

营销忠告：营业推广是刺激消费者迅速购买商品而采取的营业性促销措施，是配合一定的营销任务而采取的特种推销方式。营业推广是一种短期的销售行为。

※ 营销公关的主要决策

公共关系活动的程序

公关的第一个任务就是避免企业负面新闻的出现，但这个任务不是一朝一夕能够完成的。它需要通过一定的程序给予保证，企业开展公关活动。一般应按照以下几个程序进行：

1. 开展公众调查

搜集、了解目标市场公众对本企业的意见和态度，分析企业及其产品在公众中的形象和知名度，总结经验教训，发现问题。美国、日本、西欧国家等都有专门的公共关系咨询公司和市场调研机构，帮助企业在国际市场上调查了解有关方面的问题。企业开展国际市场公共关系活动，可以首先与这些机构取得联系。

2. 确定公关目标，制订公关计划

华为认为，营销公共关系目标一般有：

（1）建立知名度。营销公关部应在各类媒体上刊登文章、新闻报道、报告文学等，宣传介绍企业产品、服务、人员及新观念等。

（2）增加可信度。参加行业权威部门和政府有关部门举办的商品质量、性能等方面的评比或评审活动，请行业专家撰文介绍和推荐企业产品，特别是在权威报纸、杂志、电视台刊登或播放名人或权威人士的文章或讲话。

（3）激励企业推销员和中间商。推销员和中间商最感头痛的事是推销新产品尤其是创新产品。这时，营销公关部应充分发挥各种公关工具的作用，从科学和实用角度向大众解释和宣传新产品的功能和优势，甚至开设短期培训班，教育和引导消费者正确使用企业产品。

（4）降低促销成本。营销公关刊登的文章和播放的电视节目是不付费的，如果所宣传的内容有感染力，还会引起其他媒体的兴趣和转载或转播，其效果甚至远远大于付费广告，而营销公关的成本仅是有关人员的工资和费用。所以，综合使用各种不同促销手段，既可收到事半功倍的效果，又可降低企业整体促销费用支出。

3．信息沟通与计划实施

按公共关系计划，企业通过多种形式、途径和渠道实施，并把企业的所作所为告诉给社会公众，沟通企业与社会公众之间的关系。这样既可以扩大企业的国际影响和社会声誉，又便于听取社会公众的意见，接受社会公众对企业的监督。

4．评估公关效果

营销公关的使用效果很难衡量，因为营销公关通常与其他 4 种促销手段一并使用。华为在《营销管理》一书中提到了 3 种衡量方法。

（1）展露次数。即统计公关部门在一定时间内在各类媒体上刊登各种信息的次数。华为认为这是衡量营销公关效益最简易的方法，但他同时提醒企业注意这种方法的不足之处。一是无法统计实际看到、听到、读到企业公关信息的人数，更无法了解这些人的看法。二是无法统计各类媒体之间的受众重复率。

（2）知晓、理解和态度的转变。涉及的内容包括：多少受众能够回忆起曾听到、看到或读到过关于本企业的新闻？其中多少人将信息传递给其他人？受众在接受信息后思想和看法有什么变化？例如，在对木耳进行公关宣传后，有关人员调查发现，同意“木耳有助于治疗心血管疾病”这一观点的消费者人数由原来的15%上升至55%，这表明公关宣传效果明显。

（3）对销售和利润进行分析。即统计一次较大规模公关系列活动前后的企业产品销售额和利润额的变化情况。应注意的是其他促销手段的作用应予以扣除。知道了公关对利润的净贡献额，再除以企业对公关活动的投入，就是公关的投资报酬率。

使用正确的公关工具

公关部门要完成它的任务，就必须使用公共关系工具。华为认为，主要的公关工具有3种：新闻、特殊事件和公司网络，其中最主要的一个是新闻。

公关人员找出或创作一些对公司或其产品有利的新闻。有时新闻故事自然而然地就形成了，有时公关人员提出一些事件行动来制造新闻。

或者企业设计一些独特活动，推出新颖的产品和服务，可以吸引新闻媒体的目光。同样，企业故意设置一些争议，也能“制造新闻”。在市场上，我们常常看到许多有趣的现象：比如文学作品，如果越是能引起争议，它的商业价值就越大，它的销路就越广。像争议最激烈的周励的《曼哈顿的中国女人》。它的销量创同类作品纪录。这种由于争议或议论而引起的畅销，应归功于人们的好奇心理。一般来讲，越是能引起人们注意的争议或议论，越能激发人们的好奇心，越能吸引人们有意识的注意，越易驱使人们去主动认识、理解和记忆。我们在竞争激烈的商战中完全可以利用这一心理来“制造”议论，在议论中扩大商品知名度，促进商品销售。

特殊事件和公司网站也可以成为很好的公共关系工具，华为认为特殊事件都是公关部门为接触目标大众和激发他们的兴趣而设计的，这些特殊事件包括新闻发布会、大型的开幕式、焰火展示、激光节目、热气球升空、多媒体展示以及各种展览会等，而顾客和其他公众也可以通过访问网站得到信息和娱乐。

另外，对活动商机的把握不仅有利于新品牌或无名品牌迅速提升知名度，对于那些已经知名的品牌或者市场公认的强势品牌来说，其作用也同样不可忽视。就海尔而言，在经过多年的努力之后，它已经成为国内家电市场上无可争议的第一品牌。但这个企业在近几年的广告宣传中，还是敏锐地抓住了国人最为关注的几件大事：2000 年两会、2001 年北京申奥、2002 年韩日世界杯足球赛、2003 年“非典”公益广告、2004 年雅典奥运会，使海尔成了把央视影响力“变现”的高手。

除此之外，华为认为，公关人员还应该准备书面材料，接近并影响他们的目标市场，这些书面材料包括与公司有关的刊物、小册子、画片、传单、年报等。这些宣传材料印刷精美、图文并茂，在适当的时机向有关的公众团体、政府机构和消费者散发，可吸引他们认识和了解公司，扩大公司的影响。公司一般都十分重视宣传材料的策划和研究。日本本田汽车公司在美国四处散发一本《本田与美国社会》的小册子，列举许多事实，阐明本田对美国经济的贡献，其目的是要减轻美国人对日本经济侵入的担心和抵触情绪。

许多著名企业都利用各种公关活动展示企业形象，在为公众带来利益时也为企业带来效益。例如，享誉世界的“金利来”于 1977 年捐赠了 5 万元人民币，作为梅县足球队经费，资助梅县地区举办了高水平的"宪梓杯"足球赛；独资赞助了"金利来"全国优秀队足球邀请赛、"银利来"中国足球杯赛、"金利来"杯全国足球联赛……20世纪80年代初，老总曾宪梓联合部分华裔共捐款430万港币，兴建了梅县、兴宁县、五华县体育场的足球看台。根据他的提议，梅县的足球国脚们的姓名赫然镌刻在看台醒目之处，以激励青少年为中国足球冲出亚洲、走向世界而刻苦训练、勇敢拼搏。第11届亚运会在北京举行，曾宪梓又慷慨解囊，捐赠100万港币，支持祖国的体育事业。

就像"金利来"一样，企业也可以通过向公益活动捐钱这种形式提高自己在公众中的声誉，以达到产品促销的目的。最后，华为提醒到，正如其他推广手段，在考虑何时以及如何使用公关促销的时候，公关部门应制定公关目标，选择公共关系信息和工具，实施公关计划并评价结果，公关应与其他促销活动融为一体。

营销经典：红牛的危机公关

2003年8月，海南检验检疫局在对进口红牛饮料检验中，发现饮料无中文标签，咖啡因含量超过我国标准，且尚未取得我国标签审核证书。随后国家质检总局发出通知，要求各地检验检疫局对辖区市场销售的进口红牛饮料进行检查。这件事随后被几家网站和报纸不准确报道，从而对公众和消费者产生了一定程度的误导。

错误的报道中只找出了"进口红牛被查"，而且着重报道了咖啡因超标。却对问题真正的实质没有说明，如这个产品是与中国红牛饮料公司生产的产品完全没有关系的"走私进口"。其实，在我国销售的红牛饮料主要有进口和国产之分，其中国产红牛饮料是红牛维生素饮料有限公司在海南和北京设立的两个工厂的产品。

根据医学专家介绍，违规进口的“红牛饮料”与酒混合饮用则会引起脱水现象发生，并且损害心脏和肾功能。同时功能饮料中的咖啡因会增加心脏的负担，过量服用会产生心慌、烦躁的现象，严重时可能导致死亡。所谓的“进口红牛”缘于2003年夏天以来，在广西、云南、海南等几个地区，有一小批人在销售从非法渠道走私进口的红牛饮料，而中国红牛饮料公司也一直在配合当地执法部门查处这些无中文标志的走私产品。红牛公司认为这种打击只是针对少数几个地区，而且走私的进口红牛数量也很少，不会引起危机，因此就没有对媒体和公众做出声明和解释。

事情的发展证明红牛公司起初对事件的严重性估计不足，但面对这次危机，红牛公司临阵不慌，从容地应对了这场关系品牌和产品的信任危机，尽量将危机的负面影响减少到最小。当“被查事件”发生后，红牛维生素饮料公司品牌策划管理部部长连续接到两个电话，询问进口红牛被查事件。根据这一线索，马上查找信息来源，并及时向总经理汇报，与负责质检、工商、法律、条法等部门紧急沟通。弄清事情真相当日，红牛公司立即召集条法部、客户服务部和品牌部相关人员召开紧急会议，并一致认为必须向公众澄清事件，并消除由此可能带来的负面影响。会议对危机处理的各项事务作了详细安排并指定相关责任人，争取到时间的主动权，避免了混乱。按照轻重缓急的顺序，红牛公司决定首先在媒体方面扭转舆论导向，立即同国内刊登该新闻的一些主要网站取得联系，向其说明事情真相，然后动用公关手段，促使有关网站所转载的不准确的新闻，换上红牛公司法律顾问的“严正声明”，并附以红牛公司质量承诺宣言和获得国家相关认证证书的列表。在一定程度上防止了媒体可能存在的“恶炒”。针对第二天平面媒体可能出现的报道，红牛公司起草了一份新闻通稿，于当晚向全国一些主要媒体以传真形式发出。同时，该公司又针对全国约50家主要媒体做了一个广告投放计划，每家做半个版的广告，而广告的内容是向消费者说明和承诺红牛的品质没有问题，红牛的品牌绝对值得信任。就连广告也于当天晚上连夜设计出来，与危机抢时间。在与媒体联络沟通的同时，红牛通知全国30多个分公司和办事处，要求它们向当地的经销商逐一说明事情真相，红牛公司将自己的声明传真给每个经销商，让经销商先期有了知情权，使经销商得到尊重，并坚定经销商对红牛的信心和信任。与品牌策划部同时工作的还有条法部，它们主要负责同各地的质检、工商等部门沟通，以说明情况，消除影响。

案例分析

红牛的做法给了我们很多启示：遭遇公关危机时，最明智的做法就是面对现实，主动出击，这样才会化解公关危机，主动作出解释，甬费者反而觉得企业更值得他们信赖。处理公关危机，最重要的原则就是减少危机的程度，并尽可能地化“危”为“机”。综观中国红牛的危机公关过程，它体现了整个红牛公司良好的危机公关素质，使“假红牛”的负面影响控制在一定范围之内，使危机对于品牌和公司的危害降低到了最低限度。

营销忠告：公关营销作为一种极为有效的营销工具，我们应予以重视并充分利用，但我们切不可视其为万能而过高估计了它的作用。首先企业要有优质的服务和过得硬的产品，它是品牌的生命力和企业生存发展的必要条件，公关营销能使品牌锦上添花，而不足以创建品牌。

第8章 “人”的营销

在销售过程中，首先要关注客户的需求，与客户建立融洽的人际关系，这比其他任何事情都重要，要专注于同客户建立和谐的相互信任关系。只有与客户搭建起信任的桥梁，理解了他们的真实需求之后，你才能开始介绍你的产品和服务。当你们之间的关系巩固了，交易便会自然达成。

※ 培养顾客关系

寻找潜在顾客的方法

华为把营销的定义扩展成："营销是发掘、维系并培养其获利性顾客的科学和艺术。"华为认为，伟大的公司之所以伟大，在于它擅长发掘、维系新顾客，而这个过程主要分三步完成：

（1）找出潜在客户。

（2）对潜在客户进行首次推销。

（3）维系并培养新顾客。

所谓潜在顾客，是指有购买可能或希望的顾客。其特征是具有较大的付款能力，有某种潜在的购买需求，有购买决定权，认同推销员的推销工作。

华为说，现在市场上充斥着大量的产品，而非顾客，因此，寻找潜在顾客就成了营销的一个重要问题。根据估计，欧洲的汽车制造商一年可生产7500万辆汽车，但市场的需求量只有4500万辆。这样，汽车公司不得不为剩下的3000万辆汽车而奋力争取顾客。

华为认为，潜在的顾客始终是存在的，问题在于你是不是知道要发现潜在客户，除了利用数据库外，还有很多方法。

寻找准顾客的方法很多，推销员可依据所要推销的产品以及所要接触的顾客类型加以选择。常用的方法有以下几种：

1. 卷地毯式访问法

卷地毯式访问法是指推销人员对推销对象的情况一无所知或知之

甚少时，直接走访某一特定区域或某一特定职业的所有个人或组织，以寻找准顾客的方法。采用这种广泛搜寻的方法，可以捕捉到一定数量的准顾客。这一方法的理论依据是平均法则，即在推销人员走访的所有中，准顾客的数量与走访的人数成正比，要想获得更多的准顾客，就要访问更多数量的人。

卷地毯式访问法比较形象地说明推销人员寻找准顾客的过程，就像家庭主妇清洗地毯一样逐一检查。采用卷地毯式访问法寻找顾客，首先要挑选一条合适的“地毯”，也就是先要划定适合的访问范围。推销人员应该根据自己所推销商品的特性和用途，进行必要的推销区域可行性研究，确定一个较为可行的推销地区或推销对象范围。例如，你是一次性尿布的推销员，你挑选的“地毯”可能是妇幼保健院、医院等；你推销的是某种特效洗衣粉，你确定的“地毯”可能是某一社区的居民或宾馆客房部等。为了得到被访者的合作，走访前最好事先与之联系。此外，还需与其他方法配合使用。

2. 链式引荐法

链式引荐法，也叫“无限连销介绍法”，就是推销人员在访问顾客时，请求为其推荐可能购买同种商品或服务的准顾客，以建立一种无限扩展式的链条。这是西方国家的推销人员经常使用的一种方法。

链式引荐法的关键在于推销人员首先要取信第一个顾客，并请求他引荐其余的顾客，由其余的第二链节发展更多的顾客，最终形成可无限扩大的“顾客链”。要使“顾客链”长久运转下去，推销人员必须不断地向链传动系统添加“润滑油”，以维持各链节之间的正常运转，通过链式的传动使推销品能畅通无阻地进入客户手中，其采用链式引荐法寻找无形产品(旅游、教育、金融、保险等)的潜在顾客尤为适合,因为在服务领域里,信誉、感情和友谊显得尤为重要。但从使用范围看,工业用品更多地使用这种方法寻找潜在用户,因为同行业的工业品用户之间通常较为熟悉,且相互间有广泛的联系。

3. 关系拓展法

关系拓展法是指推销人员利用自身与社会各界的种种关系寻找准顾客的方法,任何一个人都不可能在真空中生活与工作,必然要与各种各样的人发生方方面面的联系,例如,同学关系、师生关系、同事关系、上下级关系、亲属关系、老乡关系等各类人际关系。在这些关系中,有些你非常亲密和熟悉,有些仅是初次结识,交往甚少,不管怎样,他们都可能是你的准顾客,你应该把他们列入你的准顾客名单。

关系拓展法也是链式引荐法的一种,只是这种方法首先开始启动的链节是推销人员自己的关系户,然后逐步扩展渗透,形成一张推销某一商品的关系网,关系网中的人员可能就是你的准顾客了。

采用关系拓展法主要是寻找日用消费品的准顾客。

4. 个人观察法

个人观察法是指推销人员根据自身对周围环境的直接观察、判断、研究和分析,寻找准顾客的方法。

利用个人观察法寻找顾客,关键在于培养推销人员个人的灵感和洞察力。推销人员还应具备良好的观察能力与分析能力,善于从报纸杂志、广播电视、人们的言谈举止、一些杂乱无章的闲谈中搜寻你的准顾客。在实际生活中,准顾客无处不在,有心的推销人员只要“睁大眼睛”、“竖起耳朵”,留心周围的任何事,就能找到可能的买主。

例如，美国一个成就卓著的汽车推销员，整天开着一辆新汽车在住宅区街道上转来转去，寻找旧汽车，当他发现一辆旧汽车时，就通过电话和该汽车的主人交谈，并把这辆旧汽车的主人看作一位准顾客。

发掘有希望购买产品的顾客

华为将“发掘有希望购买产品的顾客”的过程分为3个步骤：确定目标市场，运用传播工具发现有希望购买产品的顾客，找出有希望购买产品的顾客。

1. 确定目标市场

如果吉列公司打算向十二三岁的小鬼行销刮胡刀，金百利—克拉克 (Kimberly-Clark) 公司试图把好奇纸尿裤 (Huggies) 卖给没有小孩的家庭，我们会感到不可思议。具有正确心态的公司，不会试图对所有人进行行销。头脑清楚的钢铁公司，不会试图把钢铁卖给所有使用钢铁的公司。假设一家钢铁公司已完成“区隔、目标、定位”的工作，并已选定目标市场，它应该把重心放在汽车业、办公用品制造业，或厨具业所需的钢铁上。一旦选定目标市场，要找出潜在的顾客，也就不再是非常困难的事，随着该公司逐渐对目标市场的了解——欲求为何、购买何种物品、在何时何地购买、以何种方式购买等，便可提高它发掘优良潜在客户的能力。

2. 运用传播工具争取顾客

企业可运用各种工具搜集潜在客户的名单，例如，广告、直接信函、电话营销、商展等，甚至可以向名单经纪商或是无意间拥有企业需要的名单的其他人购买。

例如，有一家猫食制造商玛氏 (Mars) 公司，希望能拿到德国境内养猫人士的名单。其中一种方式，便是在一家销路甚佳的报纸上刊登广告，宣称可免费提供题为“如何照顾您的爱猫”的手册。任何养猫人士只要填妥回函卡，并注明饲主姓名、猫的名字、猫龄与出生日期以及其他玛氏公司认为有用的信息，便可获赠此手册。大部分看到广告的养猫人士，可能都会索取这份手册。

3. 找出有希望购买产品的顾客

并不是所有的潜在客户都会购买公司的产品，这就要对顾客进行资格审查。所谓顾客资格审查，是指推销员对有可能成为顾客的某人或某组织进行考查和审核，以确定该对象是否能真正成为准顾客以及成为哪一类准顾客的过程。在采用各种方法获得潜在顾客名单后，为了提高工作业绩和成功概率，推销员还需要对这些“准顾客”进行评定审查，以论证他们是否具有挖掘开拓的潜力。顾客资格审查的实质是推销员为自己选择、确定特定的推销对象和范围，因为随着市场经济的发展，竞争日益激烈，推销工作日趋复杂和艰难。一个企业的规模再大，竞争能力再强，推销方法和技巧再精明，也不可能赢得市场上所有的潜在顾客，而只能满足其中一部分潜在顾客的需求。所以，推销员应根据自己的产品特点和宣传优势等实际情况，从整体市场中选择恰当的推销对象，从而利用有限的时间和费用，全力说服那些购买欲望强烈、购买量大、社会影响力大的顾客购买，以减少推销活动的盲目性，收到事半功倍的效果。

了解顾客发展阶段，培养顾客的忠诚

企业若想将新顾客培养成购买量更大且更为忠诚的顾客，必须要了解顾客要历经的阶段。根据华为的看法，顾客发展阶段主要包括如下几个：首度惠顾顾客、续购顾客、客户、大力提倡者、会员、合伙人和部分持有人，这几个阶段是层层递进的。华为认为企业需要做的就是设法把顾客从前一个阶段推向后一个阶段。

1. 首度惠顾顾客

首度惠顾顾客——无论是购买网球拍、汽车、法律服务还是投宿旅馆，都会对此笔交易与供应者形成一种感受。在交易发生前，由于朋友等人的告知、卖方的承诺以及过去相似交易的一般经验，顾客会产生某种期待。华为认为，在交易发生后，顾客会体验到5种满意度中的一种：极为满意、满意、没感觉、不满意、非常不满意。

华为发现，新顾客是否会再次与供应商交易，与他初次购买的满意度的关系很大。根据公司的报告，完全满意的顾客在一年半后再度购买该产品的机会，是满意顾客的6倍之多。因此，如果企业想要吸引顾客再度上门，就必须定期对顾客满意度进行调查。最理想的结果是，顾客满足度指标显示大部分的顾客都感到满意或极为满意，但这种情况很少发生。如果顾客满意度指标显示感到不满的顾客人数众多，华为认为企业应该反省，找出其中的原因，有一种可能是该公司的业务员得寸进尺试图说服顾客购买他们不需要的产品，另一种可能是业务员过分夸张产品或服务，结果顾客大感失望而产生不满。

华为指出感到不满的顾客所造成的损害，远不止这些顾客的终身消费金额。他警告企业千万不可低估愤怒的顾客所产生的力量。“技术性协助研究计划”(TARP) 的研究发现，一位非常不满的顾客会向其他的11位朋友诉说其失望感，而这11人又会再告诉其他人，最后听过此公司不良事迹的潜在顾客人数，会呈指数型增加。

为了有效挽回这批顾客，企业应该建立起某些机制，使得感到不满的顾客能轻易地与公司取得联系，如果有顾客投诉，应该快速有效地解决问题。华为发现了一个有趣的现象，即提出抱怨但得到满意解决的顾客比起那些从未感到失望的顾客有更高的忠诚度。

迪士尼公司建立了一种对顾客投诉“马上解决”的体系，这要求所有的员工在与顾客打交道时，公司授予他们一定的权力，并且让他们依情况决定该怎样做。在英国航空公司，所有员工都被赋予这样的权力：可以自行处理价值5000美元以内的投诉案，并且有一个包括了12种可供挑选礼物的清单。

Grandvision，一家光学与冲印摄影制品公司，在15个国家拥有800间零售店，宣称员工十大权利的一部分是“无论什么，只要让顾客满意，你都有权去做”。迪士尼和Grandvision的做法为他们的企业获得了大批忠诚的顾客。

2. 续购顾客

对于企业来说，首度惠顾顾客带来的利益各不相同。有些顾客会大量采购，并且有财力与兴趣购买更多的东西；有些人的采购金额并不大，而且以后可能也不会再度采购。因此，营销人员必须把重心放在首度惠顾的顾客上，并想方设法将他们转变为续购顾客。

企业发现，在公司购物愈久的顾客越具有获利性，华为指出老主顾具获利性的因素有4个方面：

（1）假如高度满意的话，留下来的顾客会随着时间增加而购买更多的物品。一旦顾客与卖方建立起购买关系，他们便会持续地向同一卖方采购，部分原因是由于顾客懒得另寻其他供应商。假如需求增长，顾客便会购买更多。

（2）用于服务老顾客的成本，会随着时间的增加而递减。续购顾客的交易行为会变成例行公事，许多事情不必签署一大堆文件，双方也能互相了解。信赖感一旦建立，可为双方省下大量的时间与成本。

（3）高度满意的顾客，经常会把卖方推荐给其他的潜在顾客。

（4）在面对卖方合理的价格调涨时，老顾客对价格的反应会相对弱一些。

3．客户

一个拥有许多顾客的企业，开始将顾客视为客户，并以“客户”的方式对待他们，那么，顾客和客户之间有什么不同?

（1）专业性事务所的成员，更了解他们的客户。

（2）他们付出更多的时间，以协助并满足客户。

（3）他们与客户之间的关系更有持续性，并因此对客户更加熟悉，更能为客户着想。

4．大力提倡者

如果客户对某家公司十分欣赏，他就愈加赞美它，无论在主动还是邀请的情况下都一样。“满意的客户便是最佳的广告。”依据帕克—汉尼芬公司 (Parker—Hannifin) 首席执行官杜安 · 柯林斯 (Duane Collins) 的说法：“满意的顾客会变成你的信徒。”许多公司把目标放在创造出狂热者，而非顾客。人们对朋友与相识者意见的信赖，远超过他们在媒体上所看到的广告或是代言人对产品的大肆宣传。真正的问题在于，企业是否能采取额外的措施，以刺激正面口碑的产生。

5. 会员

厂商为了维护客户，也许会推出享有特殊优惠权利的会员计划。此创意的高明之处在于假如会员享有足够的特殊利益，他们便不愿意转换品牌，以免失去原来享有的权利。

6. 合伙人

有些公司更进一步地将顾客视为合伙人，请顾客对新产品的设计提供协助，对该公司的服务提出改善的建议，或邀请顾客担任顾客小组成员，华为非常赞赏这种做法。很明显，这样做有利于赢得顾客的认同，从而为企业培养更多的忠诚顾客。

7. 部分持有人

让顾客变得忠诚的最高境界便是让顾客成为股东，也就是公司的部分持有人。事实上，在某些企业中，顾客便是其法律上的持有人。如有一种相互保险公司便是由顾客持有（相互保险公司未必对投保顾客特别殷勤，但原则上如此），消费合作社的顾客，同时也就是该合作社的持有人。在由批发商出资成立的合作社中，零售商也持有该合作社的股份。零售商通过合作社采购物品，所收到的股利便是基于当初的采购金额而定。在消费合作社中，消费者对合作社的政策拥有发言权，并以消费的程度来决定股利所得的多寡。

对主要顾客发展阶段进行深入思考可以帮助企业终身维系顾客，针对不同程度、不同阶段的顾客制订优惠方案。

如何长期维护老顾客

华为指出企业最容易犯的一个错误是认为最大的顾客就是能为企业带来最多利润的顾客。事实上，中型顾客为企业所带来的投资回报率常常比最大的顾客还高。

顾客是企业生存和发展的基础，市场竞争的实质是一场争取顾客资源的竞争，因此，任何企业都必须依赖于顾客。

经过潜在顾客的挖掘和首度惠顾之后，企业可以将这些顾客全部归为老顾客的行列。

据研究发现，吸引一位新的消费者所花的费用是保留一位老顾客的 5 倍以上。

美国《哈佛商业评论》发表的一项研究报告指出：再次光临的顾客可为公司带来 25%～85%的利润，吸引他们再来的因素中，首先是服务质量的好坏，其次是产品的本身，最后才是价格。

另据美国汽车业的调查：一个满意的顾客会引发 8 笔潜在的生意，其中至少有 1 笔成交；一个不满意的顾客会影响 25 个人的意愿。争取一位新顾客所花的成本是保住一个老顾客的费用的 6 倍。

美国可口可乐公司称，卖一听可口可乐才 0.5 美元，而锁定一个顾客买 10 年(假定该顾客平均每天消费 3 听可口可乐)，即代表了 5000 多美元的销售额。

由上可以看出，如果今天的公司仍采用传统的营销方法，将重点放在吸引新的消费者上面，而忽视老顾客的利益，这必然导致公司利润的下降与市场份额占有率的降低。

因此，竞争所导致的争取新顾客的难度和成本的上升，使越来越多的企业把重点转向保持现有的顾客。建立与顾客的长期友好关系，并把这种关系视为企业最宝贵的资产，成为现代市场营销的一个重要趋势。

简单地说，没有稳定的顾客，就没有稳定的财源；竞争越是激烈，越要保持与顾客的联系；找到顾客并不难，难的是维系顾客。

要维系一个老顾客，使之长期忠诚于企业，华为建议企业从 3 个方面下手：

1. 发现老顾客的期望

如果企业把行销的重点放在最重要的老顾客身上，就要找出企业心目中的优质服务与他们的期望差距何在。在做这项工作时，要从开放式问题以及所选定的一群人开始着手，然后转向比较正式的研究方法——前后都要注意“精确地观察”，而非一味寻求一大堆可能具有误导作用的正确数字。

企业要研究什么呢？要研究竞争对手所采取的行销策略，设法了解其处在服务生命周期中的阶段。然后如何有针对性地一举超越他们，以及如何抓住他们的弱点，削弱他们的优势，避免自己陷入恶性的服务循环中。据一项权威的调查研究显示，在“老顾客为何转向竞争对手”的项目里，大约只有 15% 的老顾客是由于“其他公司有更好的商品”。另有大约 15% 的老顾客是由于发现“还有其他比较便宜的商品”。但是，70% 的老顾客并不是因为产品因素而是因为其他原因转向竞争对手。其中，自己不被公司重视占 20%，服务质量差占 45%。可见，导致顾客流失的罪魁祸首是企业的服务。

一般而言，企业留住老顾客的首要条件是不断地向他们提供优质产品。但除此之外，现在的顾客，更看重的是企业是否能提供优质服务和满足他们的特殊要求，如一系列的售后服务维修保养、贷款支付方式及交货时间等。假如现有顾客所期望的各种服务在某种程度上获得满足，那么可以预期他们会继续购买企业的产品，成为企业的顾客。但是，现在有的企业，尤其是那些供不应求、产销形势乐观的企业，把这些服务看作是额外不合理的要求予以拒绝。但是他们想错了，即使是你的产品在市场中存在某些优势或已经形成卖方市场，但这也是暂时的，因为一旦产品有利可图，竞争者就会蜂拥而来，与你争夺顾客。你满足不了顾客的需求自然有人能满足，或者是顾客仅仅由于对你的反感也会转向其他新企业，这样你的顾客就会在不知不觉中流失。

现实中，顾客对企业的服务抱怨是难免的，因为即使是再好的企业也不可能做到十全十美，问题在于怎样对待这些抱怨。事实上，“顾客抱怨就是商机”，只要抓住机会，赢得顾客的满意和忠诚，才能留住更多的老顾客。

华为指出，顾客的抱怨，尤其是老顾客的抱怨，说明他心中比较看重他所得到的服务，企业就应把握机会，请顾客特别是老顾客说明如何做才能让其满意，才能弥补现在的不足。只要顾客感到自己被重视，他们就会诚恳地告诉企业一些改进之道。这比请任何管理顾问都有效，顾客是直接使用者、直接受益人或直接受害者，一般的顾问只是旁观而已，他们缺乏亲身的体验。

其实，请顾客特别是老顾客帮助改善，不仅可以提高服务质量，还可以为企业节约管理成本，提高顾客的信心，增进顾客对企业产品和服务的认同。这样，顾客的满意度、忠诚度将随之提高，便会在留住老顾客的同时，迎来更多的新顾客。

2. 设定老顾客的期望值

华为认为，企业在拟订服务策略时，一个非常重要的步骤是设法影响老顾客的期望，使老顾客所期望的服务水准稍低于企业所能提供的水准。如果老顾客的期望超过企业提供的服务标准时，他们会感到不满；当服务标准超出老顾客的期望时，他们必然会喜出望外，深感满意。假如企业可以在接到通知之后 18 小时内提供服务，就不要承诺保证 18 小时内提供服务，而只应保证 24 小时之内提供服务；如果维修人员能接到电话后 2 小时内赶到，那么就承诺 3 小时之内赶到。

芝加哥大学的一位行销专家曾研究过 15 家使老顾客感到满意的企业，发现这些企业都严格控制广告和行销对老顾客的承诺，不使老顾客产生过高的期望。然而，这些服务领先的企业所提供的服务却超过了老顾客的期望。对此，老顾客当然会成为企业的忠诚顾客了。

由此可知，设定并控制老顾客的期望值是企业应当好好研究的大学问。

3．超越老顾客的期望值

华为发现,许多优秀企业的实践证明,成功的服务都符合两项标准:一是要使企业有别于竞争者，而且是以独特的方式；二是要引导顾客特别是老顾客对服务的期望，使其“稍低于”企业所能提供的服务水准。例如，数年之前，艾维斯租车公司把自己定位为租车市场的第二名，并强调自己会努力做得更好。到了今天，它仍采用同一策略，把自己描绘成一家勤奋不懈的租车公司，原因是这家公司是员工自己的。又如，梅泰公司把所生产的洗衣机定位为十分可靠的产品，以致维修人员闲着没事，打起瞌睡；苹果公司则强调它的“麦金塔”电话远比 IBM 个人电脑容易使用。这些企业实际提供的产品质量或服务都超过了老顾客的期望值，当然也就深受他们的欢迎。

服务定位的关键之处，在于不要把老顾客对服务的期望值升高到超过企业所能提供的水准。当老顾客逐渐有了经验，竞争也日趋激烈时，顾客的期望必然会逐渐升高。例如，在电脑业，售后服务在近几年有很大的改进，但由于顾客期望值日益提升，心中的不满也随之提高。

让渡顾客价值，达到顾客满意

由于社会的不断发展，商品生产能力极大提高，如今的消费者面临着纷繁复杂的商品和品牌选择，这就使企业必须关注顾客是如何作出选择的。显然，从经济学的观点看，消费者既然是社会经济的参与者和商品价值的实现者，他必然按“有限理性者”行事，亦即顾客是按所提供的最大价值进行估价的，因而，现代营销理论的前提是买方将从企业购买他们认为能提供最高顾客让渡价值的商品或服务，而所谓顾客让渡价值是指整体顾客价值与整体顾客成本之间的差额部分。

华为指出：顾客让渡价值就是顾客拥有和使用某种产品所获得的利益与为此所需成本之间的差额。如联邦快递的股金额获得的利益是快速而且可靠的递送服务。同时华为也指出，顾客常常是根据他们的感知价值来衡量自己获得的价值，因为顾客并不能很精确地分析某种产品的价值和成本。还拿联邦快递说，很少有顾客能回答这样的问题：“联邦快递的服务真的是快速而且准确吗？”即便如此，他们的服务值得我们花费这么多的代价吗？所以顾客让渡价值挑战的就是要改变顾客的感知价值。

1. 顾客让渡价值内涵

华为将整体顾客价值分解为产品价值、服务价值、人员价值和形象价值。同时，整体顾客成本优势由货币成本、时间成本、体力成本和精神成本四部分组成。

整体顾客价值是指顾客从给定产品和期望得到的全部利益，是基于感知利得与感知利失的权衡或对产品效用的综合评价之上的。从顾客价值的概念中，我们不难总结出顾客价值的几个基本特征：

（1）顾客价值是顾客对产品或服务的一种感知，是与产品和服务相挂钩的，它基于顾客的个人主观判断。

（2）顾客感知价值的核心是顾客所获得的感知利益与因获得和享用该产品或服务而付出的感知代价之间的权衡，即利得与利失之间的权衡。

（3）顾客价值是从产品属性、属性效用到期望的结果，再到客户所期望的目标，具有层次性。

整体顾客成本是指顾客为了购买产品或服务而付出的一系列成本，包括货币成本、时间成本、精神成本和体力成本。顾客是价值最大化的追求者，在购买产品时，总希望用最低的成本获得最大的收益，以使自己的需要得到最大限度的满足。

我们用一个例子来解释顾客让渡价值。

某顾客欲购买一台 200 升左右的冰箱，现该顾客在 A 品牌和 B 品牌之间作选择。假设他比较了这两种冰箱，并根据款式、工艺及主要性能（节能、保鲜等），压缩机的 COP(制冷系统性能系数)、噪音等指标做出判断——B 品牌具有较高的产品价值。他也发觉了在与 B 品牌人员沟通时，促销导购介绍产品耐心，知识丰富，并有较强的责任心及敬业精神，结论是，在人员价值方面，B 品牌较好。但在顾客的印象中，A 品牌的价值及知名度、整体形象等方面优于 B 品牌，同时 A 品牌售后服务，承诺等服务价值也高于B品牌。最后他权衡了产品、服务、人员、形象等4个方面，得出了A品牌的总顾客价值高于B品牌(假设该顾客偏重于品牌及服务)。

那么，他就一定会购买A品牌吗？不一定，他还要将两个品牌交易时产生的总顾客成本相比较，总顾客成本不仅指货币成本(产品价格)，正如亚当·斯密曾说过的“任何东西的真实价格就是获得它的辛劳和麻烦”，它包括购者预期的时间、体力和精神费用。购者将这些费用与货币价格加在一起，就构成了总顾客成本。

这位顾客要考虑的是，相对于A品牌的总顾客价值，其总顾客成本是否太高，如果太高，他就不会购买A品牌产品，我们就认为其让渡价值小。反之，相对于B品牌的总顾客价值，若其总顾客成本较小，则这位顾客就可能会购买B品牌产品，我们就说其让渡价值大。通常情况下，理性的顾客总会购买让渡价值大的产品，这就是顾客让渡价值理论的意义。

假设该顾客对B品牌冰箱进行了分析，认为B品牌冰箱总顾客价值为2150元(顾客认为此冰箱至少能值这个价)，再进一步假设其净厂供价为1850元，除商场合理利润100元外，若零售标价为1950元，则顾客购买这台冰箱获得了200元的附加值(让渡价值)。

同样对A品牌冰箱分析认为，该冰箱的总顾客价值为2300元，净厂供价为2200元，除商场合理利润100元外，若零售标价为2300元，则顾客购买此冰箱将无任何附加值(即让渡价值为0元)。

若顾客是理智的，则不难在A品牌与B品牌之间做出选择。

正常情况下，顾客都是成熟的、理性的，若某种产品的让渡价值大，则该产品对顾客的吸引力就大，购买该产品的可能性就越大。当然，让渡价值越大，顾客的实惠就越多，但提供产品的公司利润就会减少，故根据市场及竞争产品情况，合理定出供价至关重要，遵循的前提就是，既要保证有吸引顾客的让渡价值，又要兼顾公司的利润。

顾客价值与顾客成本共同决定了交换能否进行。当顾客价值大于顾客成本时，顾客才愿意进行交换。否则，交换不可能进行。

顾客让渡价值概念的提出为企业经营方向提供了一种全面的分析思路。

首先，企业要让自己的商品能为顾客接受，必须全方位、全过程、纵深地改善生产管理和经营。企业经营绩效的提高不是一种行为的结果，而是多种行为的函数，以往我们强调营销只是侧重于产品、价格、分销、促销等一些具体的经营性的要素，而让渡价值却认为顾客价值的实现不仅包含了物质的因素，还包含了非物质的因素，不仅需要有经营的改善，而且还必须在管理上适应市场的变化。

其次，企业在生产经营中创造良好的整体顾客价值只是企业取得竞争优势、成功经营的前提，一个企业不仅要着力创造价值，还必须关注消费者在购买商品和服务中所倾注的全部成本。由于顾客在购买商品和服务时，总希望把有关成本，包括货币、时间、体力和精神降到最低限度，而同时又希望从中获得更多实际利益。

因此，企业还必须通过降低生产与销售成本，减少顾客购买商品的时间、体力与精神耗费，从而降低货币非货币成本。显然，充分认识顾客让渡价值的含义，对于指导工商企业如何在市场经营中全面设计与评价自己产品的价值，使顾客获得最大限度的满意，进而提高企业竞争力具有重要意义。

2. 顾客满意

有一种感知效果与顾客的期望密切相关，华为称这种感知效果为顾客满意，它主要取决于产品的感知使用效果。一般而言，顾客满意是顾客对企业和员工提供的产品和服务的直接性综合评价，是顾客对企业、产品、服务和员工的认可。顾客根据他们的价值判断来评价产品和服务，因此，华为认为，“满意是一种人的感觉状态的水平，它来源于对一件产品所设想的绩效或产出与人们的期望所进行的比较。”从企业的角度来说，顾客服务的目标并不仅仅止于使顾客满意，使顾客感到满意只是营销管理的第一步。美国维特化学品公司总裁威廉姆·泰勒认为：“我们的兴趣不仅仅在于让顾客获得满意感，我们要挖掘那些被顾客认为能增进我们之间关系的有价值的东西。”在企业与顾客建立长期的伙伴关系的过程中，企业向顾客提供超过其期望的“顾客价值”，使顾客在每一次的购买过程和购后体验中都能获得满意。每一次的满意都会增强顾客对企业的信任，从而使企业能够获得长期的赢利与发展。对于企业来说，如果对企业的产品和服务感到满意，顾客也会将他们的消费感受通过口碑传播给其他的顾客，扩大产品的知名度，提高企业的形象，为企业的长远发展不断地注入新的动力。

顾客满意程度与产品和服务的质量密切相关。华为列举了摩托罗拉某位副总经理的话来说明什么样的质量可以达到顾客满意，“我们对缺陷的定义就是顾客如果不喜欢产品的某一点，那么这点就是缺陷”。因此，华为认为当代全面质量管理的基本目标已经变成实现顾客的全面满意。他说：“除了满足顾客以外，企业还要取悦他们。”我国著名家电巨头海尔认为决定市场竞争胜负的关键在于顾客满意度，只有不断提高顾客的满意度，才能建立起消费者对海尔品牌的忠诚度，海尔才能具有长久的竞争力。而在产品同质化的今天，提高顾客满意度的主要方法就是努力提高服务质量。在这种战略思想的指导下，海尔在顾客服务方面实行了一系列创造性的做法，达到了中国家电业的一个高峰，在消费者中间建立起了“海尔服务”的良好口碑。海尔星级服务的宗旨是：用户永远是对的。海尔的服务承诺是：服务热线，在您身边，只要您拨打一个电话，剩下的事由海尔做。

并不是所有的顾客都值得保留

“所有的顾客都值得保留吗？答案是：否！”这是华为给出的理论。

尽管维系顾客的意义如此重要，但华为仍然提醒企业，并不是所有的顾客都值得保留。企业必须分析“顾客获致成本”与是否能被“顾客终身受益”所抵消。华为认为企业可以通过以下4个步骤来测定维系老顾客的成本：

1．测定老顾客的维系率

企业应测定老顾客的维系率。对于一本杂志而言，维系率就是再订阅率对于一所大学而言，维系率维系率就是班级的升级率或毕业率；对于一个企业而言，则是发生重复购买的顾客比率。

2．找出老顾客流失的原因

企业必须找出造成老顾客流失的各种原因，并且计算流失的老顾客的比率。如可以指定一种频率分布统计表以反映由各种原因造成老顾客流失的百分比。其中不包括那些离开了所在区域或脱离了所经营业务范围的顾客。但是对于那些对产品、价格、服务等方面意见很大的老顾客，企业应明确今后工作中加以改进的措施，尽力让他们感到满意。

3. 计算老顾客流失的损失

企业应当计算出由于老顾客的流失，企业的利润将损失多少。这一利润其实就是老顾客生命周期价值的总和。例如，针对流失的老顾客群，一家大型的交通企业对企业失去老顾客的损失进行如下估算：企业拥有64000个老顾客，由于劣质服务等原因，企业将损失5%的老顾客，即3200(0.05×64000)个老顾客。平均每个老顾客流失给企业收入造成的损失达4000元，因此企业老顾客的流失损失了1280万元的收益。企业的平均边际利润是10%，因此企业将损失128万元的利润，而这都是由于企业自身的原因造成的不必要损失。

4. 支付维系老顾客的费用

企业维系老顾客的成本只要小于损失的利润，企业就应当支付降低老顾客损失率的费用。亦即，如果这家交通运输企业能以小于损失128万元的费用保留住所有的老顾客，这些老顾客就值得维系。

企业应仔细计算个别用户为企业提供的利润贡献来决定顾客是否值得保留。依据20/80/30法则，20%的顾客贡献企业80%的利润，最差的30%的顾客使企业的利润减半，因此只有能为公司带来利润的顾客才值得保留。

营销经典：用心经营客户关系

一、客户关系"一五一工程"

再好的管理思路与理念体系只有落实到企业的市场营销与业务拓展中才能产生实质的作用，而华为的市场营销与客户关系管理体系一直以来不为外人所了解。

任正非告诫技术服务人员："客户是我们的衣食父母，你们的工资收入和各项福利不是我给的，而是客户给的，客户才是你们真正的老板。我们要为客户提供优质产品和一流服务，让客户在华为得到尊重，受到感动，维护良好的客户关系。"

任何一个企业都重视经营客户关系。但在华为，这已是一门需要研究的科学，一个需要经营的产品。最为可贵的是，华为还推出了"一五一工程"，即：一支队伍、五个手段（参观公司、参观样板点、现场会、技术交流、管理和经营研究）、一个资料库。华为把"一五一工程"形成一个制度化，形成一个成功的模式固定下来，形成一种文化。

华为在营销方面设有营销管理委员会，下设市场策划部、客户关系管理部等部门，其中客户关系管理部专门负责研究、评估并督促客户关系的建立和改善。当其他公司还将客户关系停留在"降价、喝酒、回扣"的层次时，华为已在各地进行"咨询＋营销"，帮助运营商分析网络现状，提供更好的服务，也由此以真正的实力抢夺大客户，发展新业务。

与众多民营企业相似，最初创业时，华为并没有什么关系可以依赖，只好从跨国公司无暇顾及的县城做起。爱立信当时只有三四个人负责黑龙江的本地网，而华为却派出200多人常年驻守，每个县电信局的本地网项目都寸土必争。

华为用心经营客户关系，经过多年苦心经营，其客户关系已经渗透到市场的每个角落，任何跨国公司和本地企业都无法与之抗衡。华为在全国有200多个地区经营部，曾有人建议说，撤销这些经营部可以节约成本，反正现在县局手里已没有采购权了。任正非的批复是："我相信，这就是华为和西方公司的差别。我们每层每级都要贴近客户，不放弃对我们有利的任何一票。”

华为在做国际市场时，也继承和发扬了这种普遍客户关系的工作方法，无论是运营商的测试人员以及普通的工程师到总监、CTO、CEO，华为员工都有全方位的接触，让客户感受到尊重。

在华为的销售人员当中，刚出校门的学生往往比有销售经验和丰富人生经历的人做得更成功。一线销售人员通常以三年为限，也许还没等到三年，能客观认识华为产品优劣的销售人员就已离开这个岗位。期限满了，就是想接着干也不行。“我要保证一线的人永远充满激情和活力！”任正非说。

对一线人员期望如此之高，源于华为的客户关系至上。这是适者生存的秘籍，并被华为发扬到极致。

二、建立从上到下的全方位客户关系

如今华为与各地用户从高层到执行层密不可分的关系网络，就是靠生啃一步步编织起来的。

华为在创业初期，县级电信局有采购权，华为哪怕只是吃跨国公司的鸡肋也能吃饱。现在，县局的采购权已收至省局，但华为的投入并没减少，因为县局对设备的选型有建议权和评估权。

2000年，中国电信业再次分拆，中国电信运营商由原来的一个演变为7个。华为做了两个举措，一个是成立了7个运营商系统部，任正非称之为“放出了七匹狼”。这些系统部从运营商总部到各个省分公司都有自己的分支机构，有自己的关键绩效指标（KPI）。这就使华为比中兴技高一筹，领先一年，也就是各运营商的拓展和发展相对均衡。

无论是电信、移动、联通、网通等运营商，没有出现一俊遮百丑的现象。各背各的指标，各有各的压力。

另一个举措，当时大家觉得匪夷所思。因为电信分家后，运营商的采购权上收，地市公司基本没有采购权，省公司的部分采购权也上收，大部分项目开始集中采购。西方公司以前只做总部和省公司的关系，常常受到华为等厂家的蚕食。但这时，形势似乎对西方公司有利，而华为这种遍布地市的网络受到挑战。一般人自然而然想到的是收缩地市公司的销售服务网络，况且当时拓展国际市场也需要大量有经验的销售人员。任正非反其道而行之，提出把战壕修到离客户最近的地方去，在每个地市建立客户服务中心，加强在地市一级城市的营销服务网络，以前的销售经理转变为客户代表，也就是代表客户来监督提高华为的服务水平。

客户一有问题，就能和在身边的华为工程师沟通。每当集中采购时，地市公司这些使用单位会提出需求和意见，显然，华为会是最终使用单位的第一选择。

1999年，华为帮郑州本地网做的网络分析和规划送到了河南省局高层的桌面上，获得了高度认可，省局还追问："是谁做的？"华为高薪聘请IBM公司的专家，打着"飞机"给华为各地客户进行国际电信发展趋势和经营管理的培训，这份规划是身价不菲的IBM专家做的。

2001年春节，黑龙江的一个本地网交换机中断，网上运行着多种机型，不知道问题出在哪个厂家的设备上。华为的技术人员在一天内从深圳赶到黑龙江，发现问题不在华为。偏偏出问题的厂商迟迟没有回应，华为将自己的接入网改接到另一路由器，通话恢复了。用户大喜过望，亲热地招呼：“走走，出去喝酒！”。

华为倡导的普遍客户关系。不像西方公司那样只瞄准决策者做工作，华为构筑的是决策者、技术人员、使用者、经营部门、财务部门等等全方位的客户关系。

营销忠告：企业一定要注意市场营销的战略意识，树立以顾客为中心的营销观念，这不但是企业发展的根本，也是企业存亡的关键。

※ 外部营销的核心是满足顾客需求

需要与需求

人的需要是指“没有得到基本满足的感受状态”。与欲望比，需要具有这样几个特点；

（1）在某一特定时期，人的欲望可以是无限的，而人的需要却是有限的。需要是欲望在现实中的体现，欲望可以脱离现实而无限发展，但需要却必须在现实中才能够得到满足。

（2）欲望是动态的、变化的、不稳定的，而需要是相对静止和稳定的。正是由于需要具有这种相对的稳定性，才使得人们可以对其进行把握和认知，并给予恰当的满足。

（3）从市场营销的角度来看，对于消费者而言，需要是客观存在的，是不以人的意志为转移的，它只能被认知、被创造，但是欲望却可以通过人的行为来激发，并根据人的意志而发生变化。需要同欲望一样，它也是市场营销的出发点和基础。清楚地把握需要并了解它同欲望的关系，是成功从事市场营销活动的关键。

消费者需求就是消费者有能力购买并且愿意购买某个具体产品的欲望。或者说，是指城乡居民、社会集团在市场上获得必要生活资料的有支付能力的愿望和要求。

市场需求和如何满足需求是事物矛盾的两个方面，任何一个企业都面临着如何了解和解决这一矛盾的问题。随着社会生产力水平的提高和技术更新速度的加快，市场需求呈现多样性、复杂性和易变性的特点。为了能够在激烈的竞争中站住脚，实现自身的经营目标，企业必须认真研究市场需求及其可能出现的各种形态，并在对内外环境条件分析的基础上，充分利用市场机会和一切条件，有效地利用企业的内部资源，采取适当的生产组织方式和市场营销策略，主动、充分地满足市场需求，并最终取得消费者、企业和社会整体利益的最大化。

没有需求也要开发需求

指导消费、促进需求是促销的本质内容。顾客的消费经验逐步老化，很难认清需求，产生购买。促销就是要给其灌输新知识，加以指导。在用户低需求时促进需求，在用户有潜在需求时开发需求，在用户需求衰退时刺激需求，在用户需求波动时平衡需求。

严格意义上的创造需求，是指眼下没有，也不是根据社会经济发展推测和预见到的可能需求。当它被创造出来时，人们会用这些词汇来形容它：始料不及、令人吃惊、喜出望外、不可思议和匪夷所思。创造需求的指导思想是企业主动引导顾客、领导市场，对新技术独具慧眼，有深刻的洞察力和想象力，从新技术的运用潜力中发现一般人难以发现的需求，利用新技术开发出新产品，以新产品领导消费大众。创造需求强调“发明是需求之母”。而传统的适应需求论，则强调“按需求研制产品”。半导体、电视机、计算机等，在其面世之前，人们从未想到自己会有这些需求。本书前面讲过，有人认为日本索尼公司的“随身听”是创造需求的典型例子。索尼公司创始人井深大，从技术人员不经心的游戏中（把便携式录音机改装成四轨道立体录音机，再配一副普通耳机），洞察到了一种具有巨大市场潜力的新产品。但在开发计划会上，没有人赞成他的主张（包括那些技术人员），这突出说明“创造需求”的真正含义，即对大多数人来说是“不可思议”的。当然，创造的需求也需要消费者的认可，在出售产品之前，要首先“出售”自己的新观念、新思想，去“教育”顾客，让他们认识到自己确实有这种需要。

创造需求不是针对负需求，不是由于消费者对产品产生厌恶或反感情绪而对产品采取否定态度而对其进行说服，而是由于对产品还缺乏了解或缺乏使用条件，因而对产品不感兴趣或漠不关心，既无正感觉，也无负感觉。

企业要创造需求是由于市场无需求。而导致无需求的情况一般有3种：第一种是对于某些熟悉的、被认为是没有价值的事物无需求，例如，到处可见的炉灰渣、汽水瓶等人们常识中的废弃物品即属此类。第二种是某些商品通常是有价值的，但在某一特定的市场内却没有价值，因而没有需求。例如，山区居民对于游船没有需求，热带农村对于滑冰用具无需求。第三种情况是由于消费者对商品的效能缺乏认识，因而没有需求。这种情况多发生在新产品刚刚上市时。

针对上述情况，市场营销的任务是设法使无需求变成有需求，要采取促进或刺激性营销的策略。通常可用的方法是：努力将产品或劳务与市场上现有的需求结合起来，如结合建筑的需要，研究和宣传利用炉灰渣制作新型建筑材料；改变市场环境，创造新的需求，如积极赞助和推动山区有关部门修建水库，发展旅游业以形成对游船的需求；加强宣传，大做广告，促使顾客认识产品的优点，了解产品能给顾客所带来的好处，以激发人们的购买动机。

4P 转向 4C 是外部营销成熟的重要表现

在传统营销理论中，居中心地位的是 4P 理论，即通过产品、价格、渠道和促销四个因素的组合来达到营销效果最佳。而华为认为，在买方市场上，4P 中的每一个 P，如果能够用 4C 来描述将更加贴切。营销人员在建立 4P 框架之前如果先考虑顾客的 4C，将会达到事半功倍的效果。顾客的需求与欲望（customer）、对顾客的成本（cost）、便利性（convenience）和营销沟通（communication）4 个方面的内容，构成了 4C 理论。

1. 顾客的需求与欲望

整合营销用满足消费者的需求替代产品概念，反映了营销人员对消费者认识的深化。只有深刻探究和领会到消费者真正的需求与欲望，才能获得最终的成功。产品的品质、产品的文化品位都取决于消费者的认知。真正的营销价值是顾客的心志。要为消费者提供合适的产品，必须调查消费者的内心世界。正如某营销大师所言：伟大的设计在实验室产生，而伟大的产品在营销部门产生。因此，只有充分与消费者进行沟通，了解其产品知识、品牌网络、产品的效用需求及其评价标准、消费者的个性品位等因素，才能找准顾客心理，获得消费者。企业产品策略只是企业向消费者传达利益的工具和载体，也就是满足顾客需求与欲望的形式。企业发展产品策略必须从消费者的需求与欲望出发，而不是从企业的研究与开发部门出发。市场上最成功的产品往往不是最好的产品，而是市场最需要的产品，这也就是为什么人们常说要生产适销对路的产品。也就是像华为所说的，营销人员认为是在推销产品，而顾客则是在购买价值与解决问题的方法。

2. 顾客的成本

4C 的第二个重要理论就是顾客的成本。对消费者来说，顾客成本不只是产品的价格，顾客付出的货币只是其中的一部分。例如，汉堡包的销售需要考虑的因素包括顾客付出的货币成本，顾客到快餐厅所花费的时间以及排队购买的时间成本，以及因选择汉堡包而没有选择其他的机会损失。甚至还包括在消费产品中所带来的烦恼与不快，以及考虑消费产品后可能产生不良后果的担忧。

由外而内的营销思考模式首先要分析消费者的认知，根据认知价值对产品进行定价。作为定价的关键，不是卖方的成本，而是买主对价值的认知。而认知价值是利用其他沟通手段在购买者心目中建立起来的。

3. 购买的便利

顾客购买的便利对应的是 4P 中的分销渠道。企业应该忘记渠道策略，站在消费者角度，考虑如何给消费者方便以购得商品。企业必须深入了解各种不同消费者对购买方式的偏好。从企业角度看，企业生产出来的产品，只有通过一定的营销渠道，经过物流过程才能在适当的时间、地点，以适当的价格供应给广大消费者或用户，满足市场需要。这时，企业考虑的是如何大量销售，如何降低成本。然而，随市场营销环境的改变、竞争的加剧，任何渠道策略都可以被复制。为了形成竞争优势，企业必须不断分析竞争状况、消费者购买行为，从而根据消费者购物方式的偏好给消费者最好的服务、最大的方便。例如无店铺零售的兴起，就是由于竞争加剧、消费者购买方式和购买行为的改变，职业妇女越来越多，家庭收入越来越高，人们更重视休闲活动，而使得上街到店铺购买商品的时间相对减少，有许多家庭希望能采用更省时、更便捷的购物方式。

从“渠道策略”向“消费者购物便利”的转化，实际上也是营销思考模式由内（企业）而外（消费者）向由外（消费者）而内（企业）的转化。

总之，偏重渠道策略的企业应更注重向消费者提供购买的便利性。

4. 消费者沟通

4C最后强调的是营销沟通。随着市场竞争的日益激烈，媒体传播信息的方法和消费者接受信息的模式都发生了深刻的变化。媒体分散零细化，使任何一种媒体的视听众明显减少，任何一种媒体都难以接触到所有的目标消费者。这使传统的大众营销陷入困境。消费者每天接触到成千上万的信息，仅广告信息每天大约接触1500～2000个，使得消费者无法对信息进行深入加工吸收，大多数情况下，只能对信息进行粗浅的认识，这使得传统的促销方式对消费者的影响力开始减弱。从企业试图影响消费者行为的角度来看，这种促销模式显得苍白无力。于是，新的营销环境要求与消费者“对话”，进行沟通，而且是双向沟通，企业必须与消费者进行信息交换。为了达到这种目的，企业必须首先了解消费者的媒体习惯和类型；其次了解消费者需要何种信息；然后对消费者需要进行回应。从促销到沟通转变的必要性的另一个原因，就是产品同质化程度提高，同类产品的相似信息太多，而新产品每天都在不断涌现。产品及品牌种类与数量膨胀，在媒体及信息通道的快速作用下，消费者无所适从，对信息的认知可能与企业所想象的并不一致。另外，产品生命周期缩短，消费的多样化、个性化也要求企业时刻倾听消费者的声音。

媒体的零细化、产品同质化、消费多样化、个性化、消费者认知差异化要求企业改变促销模式，变促销为沟通、变单向沟通为双向沟通，变单次沟通为循环往复的连续双向沟通。

华为认为，顾客并不希望只是单向地接受产品推广，而是希望自己也能够参与其中，因此营销人员若能首先考虑4C，再建立4P框架，那将会产生事半功倍的效果。

超级链接：马斯洛的需要层次理论

马斯洛最重要的贡献就是提出了需要层次理论。

马斯洛认为，个人是一个统一的、有组织的整体，个人的绝大多数欲望和冲动是互相关联的。驱使人类的是若干始终不变的、遗传的、本能的需要，这些需要是心理的，而不仅仅是生理的，它们是人类天性中固有的东西，文化不能扼杀它们，只能抑制它们。马斯洛把人类的各种需要分成几种递进的需求层次。

生理需要是人的需要中最基枢最强烈、最明显的一种，人们需要食物、饮料、住所、性交、睡眠和氧气。一个同时缺少食物、自尊和爱的人会首先要求食物，只要这一需求还未得到满足，他就会无视其他的需求或把所有其他的需求都推到后面去。

马斯洛认为，生理需要在所有的需要中是最优先的。其具体的意思是：在某种极端的情况下，一个生活中缺乏任何东西的人，主要的激励因素是生理需要，而不是其他。一个缺少食物、安全、爱和尊重的人，他很可能对食物的渴望比对其他的东西更强烈。如果所有的需要都得不到满足，机体就会受到生理需要的支配，所有其他的需要简直变得不存在了，或者被推到了一边。这时可以用“饥饿”一词来描述整个机体的特征，人的意识几乎完全被“饥饿”占有。所有的功能都被用来满足饥饿，这些组织功能几乎都为一个目的所支配：消除饥饿。此刻，感受器官和反应器官都可能被看作是消除饥饿的工具。那些对达到这个目的无用的功能则潜伏起来，或退入隐蔽状态。当这种需要得到满足时，又有新的(更为高级的)需要出现，以此类推。这就是人们所说“人的基本需要组织起来成为相对的优势需要等级”的意思。

如果生理需要相对充分地得到了满足，就会出现一整套新的需要，我们可以把它们大致归为安全的需要。这类需要大致包括对安全、稳定、依赖的需要，希望免受恐吓、焦躁和混乱的折磨，对体制、秩序、法律和保护者实力的需求等。

在现实社会中，凡健康、正常的成人，其安全需要基本上都得到了满足，一个和平安定的社会，通常不会受到野兽、极冷或极热的气温、罪犯、攻击、暴政等的威胁，能使其社会成员感到安全。

就像饱汉不饥饿一样，一个安全的人也不再感到危险。如果要直接地、清楚地看到安全需要，就必须观察那些有神经症的人以及那些经济上或事业上的失败者。在上述这两个极端情形之间，人们可以看到安全需要的心理现象的下列表现：人们偏爱有职位保障的固定工作，要求在银行有积蓄以及加入各类保险(如医疗、失业、残废、老年等)。

人们寻求安全和稳定的心理现象还有如下表现：人们普遍喜爱熟悉的事物，而非不熟悉的事物；已知的事物，而非未知的事物。人们倾向于信奉某种宗教或哲学以把宇宙和人类组合成一种意义上的令人满意的和谐整体。这种倾向也部分地受到了安全需要的激励。可以这样讲：一般而言，科学和哲学都部分地受到了安全需要的激励。

此外,安全需要还被看作是在紧急情况下,即战争、疾病、自然灾害、犯罪浪潮、社会骚乱、神经症、脑损伤或长期处于逆境下的调动机体能源的主要积极因素。

社交的需要是指人对于友谊、爱情和归属的需要。马斯洛认为，当生理需要和安全需要得到满足之后，人们便希望得到友谊和爱情，希望受到集体的接纳和帮助。当一个人孤立无援时，他将前所未有地、强烈地感受到朋友、情人、妻子或孩子不在身边的寂寞，产生与人广泛交往的欲望，换言之，他总是要在群体中找到一个位置，并竭尽全力达到这个目的。此时,他希望得到一个位置的心理需要胜过其他一切，以至于他可能忘记这样的事实：当他挨饿时，他曾讥笑过爱情。

在现实社会中，社交的需要受到挫伤在精神病理中是最常见的核心问题。人们看待友谊、爱情和可能的性欲表现时，均有一种矛盾的心理，习惯上要受到许多清规戒律的束缚。所有的精神病理学理论家都认为，爱的需要受挫伤是形成各种精神病的基础。

爱的需要包括爱和被爱两个方面。尊重的需要是指人受人尊重和自尊的需要。有一点必须强调：爱不是性欲的同义词。性欲可以作为纯粹的生理需要来理解，而爱是一种心理需要。通常，性行为是由多重因素决定的，也就是说，性行为不完全取决于性欲，还取决于其他的需要，其中主要是爱的需要。马斯洛发现，人们对尊重的需要可分成两类：自尊和来自他人的尊重。

人一方面都希望得到名誉、地位和声望等，希望受到他人的尊重和承认；另一方面也希望自己具有实力、自由、独立性等，感到自己存在的价值，从而产生自尊心、自信心。这两方面中，后者要以前者为基础，否则便是孤芳自赏，难以持久。在现实生活中，这类需要很难得到完全的满足，而它一旦成为人的内心渴望，便会成为持久的推动力。

马斯洛认为，在现实社会中，所有的人都要求对自己有一种坚定的、基础稳固的并且通常是高度的评价，要求保持自尊和自重，并得到别人尊敬的需要。这种需要首先是那种要求力善、要求成就、要求合格、要求面对世界的信心，以及要求自由和独立的欲望；其次是要求名誉、威信、表扬、注意、重视或赞赏的欲望。马斯洛认为自尊的需要得到满足后，就会使人感到自信、有价值、有力量、有能力并适于生存。如果这种需要得不到满足，则使人感到低人一等、软弱或无能为力，以至于产生严重的沮丧情绪或神经质的倾向。

自我实现的需要是指人希望从事与自己能力相称的工作，使自己潜在的能力得到充分的发挥，成为自己向往的人物。就像音乐家必须奏乐，画家必须绘画，诗人必须写诗一样，每个人都希望从事自己所指向的事业，并从事业的成功中得到内心的满足。

自我实现是马斯洛需要层次理论中最高层次的需要。它的产生依赖于四个层次需要的满足。自我实现指的是人们有一种意向要使他潜在的本质得以现实化。这种意向可以简单地描述为人们需要越来越真实地体验自己的欲望，要求尽可能充分地实现自己的欲望。实现这种欲望所采取的形式，则因人而异。

自我实现的需要的产生有赖于生理需要、安全需要、爱的需要和自尊需要都得到满足。马斯洛把这些需要都得到满足的人称为基本满足的人，一般这种人拥有最充分的(最健康的)创造力。在现实社会里，得到基本满足的人为数不多，而且在临床经验和实验方面，对自我实现的了解还都十分有限，这始终是一个有待研究的富有挑战性的问题。

马斯洛在列举了以上这些基本需要之后指出，与个人动机有着密切关系的是社会环境或社会条件。人们总是由低级向高级满足自身需要，如果基本需要没有得到满足，人们的生活就会受到威胁。

营销忠告： 企业的经营就是经营顾客、经营消费者的消费生活。因为一切的创业、创新乃至任何一种产品的创新，都必须从客户中来，到客户中去。

※ 市场的购买行为

影响消费者购买行为的因素

华为指出，世界各地的消费者在年龄、收入、教育水平、品位方面差异巨大，这些造成了消费者购买产品和服务的千差万别。我们知道，营销刺激共是由4个P，即产品、价格、分销、促销构成。另外，还包括一些其他刺激，如经济环境、技术环境、政治环境和文化环境等。所有这些造成了消费者不同的购买心理和行为。

1. 个人因素

消费者的购买决策受到若干个人因素的影响。这些个人因素包括学习、动机、感觉、态度、生活方式等。

（1）学习。人们从行动中学习，学习是指个人由于经验而改变其行为。大多数的人类行为是学来的。学习理论家认为学习是经由驱动力、刺激、暗示、反应和强化之相互作用而产生。譬如，张三有一强烈的驱动力，所谓"驱动力"是指促使一个人采取行动之强大内在刺激，当此驱动力导致张三去追求某一可减弱驱动力的"刺激物"时，它就成为一种动机。然而，张三对购买汽车这个想法的反应，也受其周围暗示的影响，"暗示"是较微弱的刺激，它决定消费者何时、何地及如何反应。看到汽车的电视广告和展示场中的汽车、听到汽车大减价的消息，以及朋友的鼓励，都是影响张三对购买汽车这个动机如何反应的暗示。假如张三买了丰田汽车，而且事后证明是值得的，则他对丰田汽车的反应就获得了强化，以后再买丰田汽车或建议亲友买丰田汽车的可能性就愈大。

（2）动机。一个人在任何时刻都有许多需要，其中某些需要是生理的需要，这些是由于饥饿、口渴及不舒服所引起的生理紧张状态；另外一些是心理的需要，这些是由于需要被肯定、受尊敬或归属感等所引起的心理紧张状态。当上述的需要达到某一足够的强度后，即可变成一种动机或驱动力。动机是一种被刺激的需要，它足以促使一个人采取行动以满足其需要。需要满足之后，人的紧张状态即可解除。消费者的购买行为常受其动机所左右。张三为什么想买一部汽车？他想追求的是什么？他想满足何种需要？这些都是营销人员要设法去了解的。

（3）生活方式。生活方式包括使用时间和花费金钱的方式。一个人的生活通常通过他的活动、兴趣和意见来表达。

即使人们来自相同的亚文化、社会阶层或职业群体，也可能有不同的生活方式。例如，张三可以选择努力工作追求成就的生道方式，也可以选择游山玩水、悠闲自在的生活方式。假如他选择了悠闲自在的生活方式，他可能会腾出许多时间去观赏电影、逛街或到各地旅游观光。营销人员应设法了解消费者的生活方式。

（4）态度因素。通过态度研究，人们希望能够更好地理解，尤其是更好地预测消费者的行为，但这常常是徒劳的。首先，消费者所声称的意向常常靠不住。其次，从行为的倾向开始，有许多因素能够改变消费者，可以是一则广告传闻或与家人或朋友的一次谈论。在销售点上，可能正有竞争产品的促销活动或想购买的产品一时没有。所有这些难以预测的因素使得态度——哪怕它是有利于倾向指定产品的测量——仅仅是一个不完善的消费者行为预言家。而认识性不和谐的理论很好地解释了这个问题，购买行为对个人的外部态度有很大的影响力。

态度的测量常常过于忽略行为面。因为人们研究态度一般考虑的是态度的认识面 (消费者对产品了解多少) 和情感面 (消费者对产品怎么想)，而经常遗忘了测量意动面 (消费者为了获得或避免该产品会打算怎么做)。

（5）感觉。感觉是指人利用眼、耳、鼻、舌、身等感觉器官，接受物体的色、香、味、形等刺激而引起的内在反应。感觉是消费者是否决定购买的第一要素。因此，企业应该把商品的外观、色泽、功能等充分展示给消费者，加强其感觉，从而更好地刺激需求，以激发消费者的购买行为。

2. 文化因素

文化、亚文化和社会阶层等因素，对消费者的行为具有最广泛和最深远的影响。文化是人类欲望和行为最基本的决定因素，低级动物的行为主要受其本能的控制，而人类行为大部分是学习而来的。在社会中成长的儿童通过其家庭和其他机构的社会化过程学到了一系列基本的价值、知觉、偏好和行为的整体观念。每一文化都包含着能为其成员提供更为具体的认同感和社会化的较小的亚文化群体，如民族群体、宗教群体、种族群体、地理区域群体。

3. 社会阶层

社会阶层是由具有相似的社会经济地位、利益、价值倾向和兴趣的人组成的群体或集团。社会阶层具有 4 个特征：一是处于同一阶层的人，行为大致相同；二是人们都依其社会阶层而占有优劣不等的社会地位；三是一个人处于哪一个阶层，不是由某一种因素决定的，而是由一系列因素决定的，如职业、收入、财富、教育、价值取向等；四是一个人在其一生中，其社会阶层并非一成不变，而可能由高层跌入低层，也可能由低层进入高层。企业了解这些特征，可以专门生产和经营适合某个或某些社会阶层所需要的产品和劳务。

消费者的购买程序

华为指出，消费者对产品的购买程序或过程，一般可表现为以下几个步骤。

1. 唤起需要

需要引发购买者的动机，是整个购买过程的开始。需要可以凭借内在或外在的刺激唤起。如饥渴可以驱使人寻找可供吃、喝的东西，而饮食店里色香宜人的鲜美食品也会刺激人的饥饿感。营销观念十分注重唤起需要。

企业应了解与其产品种类有关的现实或潜在需要，以及在不同时间这种需要的程度，这种需要会被哪些诱因所触发等。这样可通过巧妙地设计诱因，在适当的时间和地点以适当的方式唤起消费者的需要。

2. 收集资料

一般情况下，消费者被唤起的需要不是马上就得到满足，或不是马上就能满足时，他会使人产生“高亢注意力”，消费者可能从此积极寻找或接收资料，也就是借助“学习”行为而积累对产品的认识。这里的“学习”就是不断收集有关产品的情报，以便由此完成从知觉到坚信的心理程序，作出购买决策。

3. 估价

消费者对从各种来源得到的资料进行分析、对比，评价对产品的态度，以便排除那些可供选择及与选择相关的吸引力。不同消费者评价产品的标准和方法，可以有很大的差别。

例如评价牙膏这种产品，有牙病者希望能防蛀，有的人则选择味道等，也有的消费者采用一些估价程序来表现对产品选择的态度。

4. 是否购买

并非所有有需要的人都会购买产品，有些人的需要在购买前的活动过程中会逐渐衰弱，或徘徊于“不确定”之中，无法达到购买的境界。采取购买行为前，必须作出购买决策。购买决策是许多项目的总抉择，包括购买何种产品、何种品牌、何种款式、数量多少、何处购买、何时购买、以何种价格购买、以何种方式付款等。消费者对某一项目做出抉择时，又会受到许多因素的影响与制约。如我们先前谈到的个人因素、环境因素等。最后决策，一般表现为消费者对该决策的预期效用、成本与风险之间的平衡。因此在通常情况下，购买决策阶段的市场开发策略，一方面要向消费者提供更多详细的有关产品的情报，便于消费者比较优缺点；另一方面是要通过各种销售服务造成方便顾客的条件，加深顾客对企业及产品的良好形象，促使其做出购买本企业产品的决策。

5. 购后感受

消费者购买产品后，往往会通过使用，通过家庭成员与亲友的评判，对自己的购买选择进行检验和反省，重新考虑购买这种产品是否明智、效用是否理想等，形成购买后的感受。如果已购买的产品不能给买主以预期的满足，使买主产生失望或使用中遇到困难，买主就会更正他对那个产品的态度，并在今后的购买行为中予以否定，不仅他自己不会重复购买，而且还影响他人不予购买。如果所购买的产品使需求得到满足，就能使销售者和消费者建立起良好关系，带来第二次交易，并因此招徕更多的顾客。

分析消费者购买程序，是为了在消费者购买决策过程中，于每一个阶段对其施加影响。在市场营销活动中将焦点集中于购买程序，应致力于更好地满足消费需求，而不是仅仅为了销售。

组织市场与消费者市场的不同

尽管组织市场与消费者市场类似，都有购买的人，制定购买决策的目的都是为了满足需要，但二者仍有着根本的区别。相应的，二者的购买行为也就不尽相同。组织市场购买行为(以下简称组织购买行为)是指各类正规组织机构确定其对产品和服务的需要，并在可供选择的品牌与供应商之间进行识别、评价和挑选的决策过程。

与消费者市场购买行为相比，组织市场购买行为具有以下几个特点。

1. 派生需求

组织需求是一种派生需求，即组织机构购买产品是为了满足其顾客的需要，也就是说，组织机构对产品的需求，归根结底是从消费者对消费品的需求中派生出来的。显然，皮鞋制造商之所以购买皮革，是因为消费者要买鞋的缘故。

2. 多人决策

购买决策过程的参与者往往不只是一个人，而是由很多人组成，甚至连采购经理也很少独立决策而不受他人影响。

3. 过程复杂

由于购买金额较大，参与者较多，而且产品技术性能较为复杂，所以，组织购买行为过程将持续较长一段时间，几个月甚至几年都有可能。这就使企业很难判断自己的营销努力会给购买者带来怎样的反应。

4. 提供服务

一般来讲，物质产品本身并不能满足组织购买者的全部需求，企业还必须为之提供技术支持、人员培训、及时交货、信贷优惠等条件与服务。

华为认为，组织市场在市场结构与需求、购买单位性质、决策类型与决策过程及其他各方面，又与消费者市场有着明显差异。它主要具有以下几个特点：

（1）组织市场上购买者的数量较少，购买者的规模较大。在消费者市场上，购买者是消费者个人或家庭，购买者必然为数众多，规模很小。在产业市场上，购买者绝大多数都是企业单位，其数目必然比消费者市场少得多，购买者的规模也必然大得多。而且，由于资本和生产集中，许多行业的产业市场都由少数几家或一家大公司的大买主所垄断。

（2）组织市场上的购买者的地理位置相对集中。

（3）组织市场的需求是引申需求。这就是说，组织购买者对组织用品的需求，归根结底是从消费者对消费品的需求引申出来的。

（4）组织市场的需求是缺乏弹性的需求。在组织市场上，组织购买者对组织用品和服务的需求受价格变动的影响不大。如果皮革的价格下降，制鞋商不会购买很多的皮革，除非：

①皮革成本是制鞋成本的主要部分。

②制鞋商要大幅度降低皮鞋价格。

③消费者要购买更多皮鞋。

如果皮革价格上涨，制鞋商也不会大量减少皮革的购买量，除非制鞋商发现了节省原料的方法(或者制鞋商发现了皮革的代用品)。

组织市场的需求在短期内尤其缺乏弹性，因为生产者不能在短期内使其生产方法有很大的改变。此外，如果原材料的价值很小，这种原材料成本在制成品的整个成本中所占的比重很小，那么，这种原材料的需求也缺乏弹性。

(5)组织市场的需求是波动的需求。组织购买者对于产业用品和服务的需求比消费者的需求更容易发生变化。在现代市场经济条件下，工厂设备等资本品的行情波动会加速原料的行情波动。如上所述，组织市场的需求是引申需求，消费者需求的少量增加能导致产业购买者需求的大大增加。这种必然性，西方经济学者称之为加速理论。有时消费者需求只增减10%，就能使下期产业购买者需求出现200%的增减。因为组织市场的需求变化很大，所以生产组织用品的企业往往实行多元化经营，尽可能增加产品品种，扩大企业经营范围，以减少风险。

(6)购买更加专业化。由于组织用品特别是主要设备的技术性强，企业通常都雇用经过训练的、内行的专业人员负责采购工作。企业采购主要设备的工作较复杂，参与决策的人员也比消费者市场多，决策过程更为规范，通常由若干技术专家和最高管理层组成采购委员会领导采购工作。

企业的采购成员

企业应该了解顾客的采购组织，即不仅要了解谁在市场上购买和产业市场的特点，而且要了解谁参与产业购买者的购买决策过程，他们在购买决策过程中充当什么角色，起什么作用。

各企业采购组织有所不同。小企业只有几个采购人员，大公司有很大的采购部门，由一位副总裁主管。有些公司的采购经理有权决定采购什么规格的产品、由谁供应，有些采购经理只负责把订货单交给供应商。通常，采购经理只对小产业用品有决策权，至于主要设备的采购，采购经理只能按照决策者的意图办事。

在任何一个企业中，除了专职的采购人员之外，还有一些其他人员也参与购买决策过程。所有参与购买决策过程的人员构成采购组织的决策单位，市场营销学称之为采购中心。企业采购中心通常包括5种成员。

1. 使用者

使用者即具体使用欲购买的某种产业用品的人员。公司要购买实验室用的电脑，其使用者是实验室的技术人员；要购买打字机，其使用者是办公室的秘书。使用者往往是最初提出购买某种产业用品意见的人，他们在计划购买产品的品种、规格中起着重要作用。

2. 影响者

影响者即在企业外部和内部直接或间接影响购买决策的人员，他们通常协助企业的决策者决定购买产品的品种、规格等。企业的技术人员是最主要的影响者。

3. 采购者

采购者即在企业中有组织采购工作(如选择供应商、与供应商谈判等)的正式职权的人员。在较复杂的采购工作中，采购者还包括参加谈判的公司高级人员。

4. 决定者

决定者即在企业中有批准购买产品权力的人。在标准品的例行采购中，采购者常常是决定者；而在较复杂的采购中，公司领导人常常是决定者。

5. 信息控制者

信息控制者即在企业外部和内部能控制市场信息流到决定者、使用者的人员，如企业的购买代理商、技术人员等。

当然，并不是任何企业采购任何产品都必须有上述5种人员参加购买决策过程。企业采购中心规模的大小和成员的多少会随着欲采购产品的不同而有所不同。一个企业如果采购办公用的文具，可能只有采购者和使用者参与购买决策过程，而且采购者往往就是决策者。在这种情况下，采购中心的成员较少，规模较小。如果采购一台电脑，其技术性较强，单价高，行为类型复杂，参与购买决策过程的人员较多，采购中心成员也较多，规模较大。

如果一个企业的采购中心的成员较多，供货企业的市场营销人员就不可能接触所有的成员，而只能接触其中少数几位成员。在此情况下，市场营销人员就要设法了解主要的决策参与者，并用尽力量影响其中最有影响力的人物。

营销忠告：华为指出，世界各地的消费者在年龄、收入、教育水平、品位方面差异巨大，这些造成了消费者购买产品和服务的千差万别。